中国全図

乌鲁木齐
Wūlǔmùqí
新疆维吾尔自治区
Xīnjiāng Wéiwú'ěr Zìzhìqū
甘 肃 省
Gānsù Shěng
宁夏回族自治区
Níngxià Huízú Zìzhìq
银川
Yínchuān
青 海 省
Qīnghǎi Shěng
西宁
Xīníng
兰州
Lánzhōu
西藏自治区
Xīzàng Zìzhìqū
拉萨
Lāsà
四 川 省
Sìchuān Shěng
成都
Chéngdū
贵 州 省
Guìzhōu Shěn
贵阳
Guìyán
云 南 省
Yúnnán Shěng
昆明
Kūnmíng

黑龙江省
Hēilóngjiāng Shěng
哈尔滨
Hā'ěrbīn
长春
Chángchūn
吉林省
Jílín Shěng
内蒙古自治区
Nèi-Měnggǔ Zìzhìqū
沈阳
Shěnyáng
辽宁省
Liáoníng Shěng
呼和浩特
Hūhéhàotè
北京市
Běijīng Shì
河北省
Héběi Shěng
天津市
Tiānjīn Shì
太原
Tàiyuán
石家庄
Shíjiāzhuāng
济南
Jǐnán
山西省
Shānxī Shěng
山东省
Shāndōng Shěng
西安
Xī'ān
郑州
Zhèngzhōu
江苏省
Jiāngsū Shěng
西省
hǎnxī Shěng
河南省
Hénán Shěng
安徽省
Ānhuī Shěng
南京
Nánjīng
上海市
Shànghǎi Shì
合肥
Héféi
湖北省
Húběi Shěng
武汉
Wǔhàn
杭州
Hángzhōu
庆市
hóngqìng Shì
长沙
Chángshā
浙江省
Zhèjiāng Shěng
南昌
Nánchāng
湖南省
Húnán Shěng
福建省
Fújiàn Shěng
江西省
Jiāngxī Shěng
福州
Fúzhōu
台北
Táiběi
西壮族自治区
Guǎngxī Zhuàngzú Zìzhìqū
台湾
Táiwān
广东省
Guǎngdōng Shěng
南宁
Nánníng
广州
Guǎngzhōu
香港
Xiānggǎng
澳门
Àomén
海口
Hǎikǒu
海南省
Hǎinán Shěng

やさしく楽しい

新 400語で学ぶ 中国語入門

発音中心

郭 春貴　郭 久美子　操 智 著

白帝社

WEB上での音声無料ダウンロードサービスについて

■『新・400語で学ぶ中国語入門』の音声は、下記のサイトからダウンロードして聞きます。

「白帝社」で検索、または下記サイトにアクセスしてください。

https://www.hakuteisha.co.jp/news/n53692.html

吹込：郭春貴、李洵、王京蒂、操智

■本文中の 00 マークの箇所が音声ファイル（MP3）提供箇所です。

■ファイルは ZIP 形式で圧縮された形でダウンロードされます。

■ファイルは「すべて」と「各課」ごとに選んでダウンロードすることができます。

※パソコンやスマートフォンなどにダウンロードしてご利用ください。

ご使用機器、音声再生ソフトに関する技術的なご質問は、各メーカーにお問い合わせください。

まえがき

やさしい！　楽しい！　実用的！
400 語で基礎力がつく「新時代の中国語入門」

ここ何年か、中国は目まぐるしく変化し、日本社会だけでなく、日本の中国語教育にも大きな影響を与えました。また、全入時代に入った日本の大学は第２外国語の時間を削減し、さらには学生の学力の低下など、中国語教育は厳しい状況に直面しており、もっと簡単な、しかも新しい時代にふさわしい中国語テキストの必要性を感じていました。

私たちは語学教育が大好きで、長年第２外国語の中国語教育に携わらせていただきました。教育環境（大学の重視度、学生の学力など）に悩みながらも常にこの問題を考え、勉強してきました。第２外国語の中国語教育は日本における中国語教育の大事な部分であると考え、いろいろな教材を作ってきました。

どんな時代でも、語学の基礎は「発音＋単語＋文法」の３本柱だと思います。この３本柱に基づいて、週１回～２回、１年間の授業でどのように教えていったらよいか考えてきました。

この度、新しい時代にふさわしい教材を作る際、発音は声調の特訓を中心に置き、単語は最低限の 400 語の中に新時代の単語を取り入れ、文法をさらに実用的かつ簡潔にすることを心がけました。

＊　＊　＊

本書は発音を重視し、簡単で楽しい会話を通して、実用かつ基本的な文法を学べるよう、「やさしい＋楽しい＋実用的」をモットーにしています。構成は「発音編」と「本文編」から成っています。

1. 発音編：声調、重音、軽声、母音、子音など発音の基礎を４回に分けて学びます。各回とも学生が退屈しないよう、簡単な挨拶用語と練習問題を設けてあります。
2. 本文編：全 20 課で、大体１課を２回の授業で学習します。各課の構成は次の通りです。
   - ①会　　話：学生に興味を持たせるために、簡単で暗記しやすく、実用的で、新しい時代にマッチした、４句の楽しい会話です。
   - ②語彙を増やしましょう：入れ換え練習や応用練習ができるように、会話の内容と関係がある単語を６つ選びました。
   - ③ポイント：基礎力をつけるために、会話の文法や語彙を３つに絞り、なるべく疑問文・肯定文・否定文の例文を用いて簡潔に説明します。
   - ④発音の復習：発音編で習った発音、特に声調を定着させるために、各課で復習するコーナーです。
   - ⑤単語の復習：確実に覚えるために、各課の語彙を日本語から中国語とピンインを書く語彙表です。
   - ⑥練習問題：聞き取り、日本語⇒中国語・ピンイン、ピンイン⇒中国語・日本語の練習問題です。

⑦文化コーナー：学生に中国文化に興味を持たせるために、中国人の慣習、大学の生活、
食べ物、飲み物、スポーツなどを簡単に紹介するコーナーです。

⑧補充教材：楽しく学習するために、教室用語、数字、生活決まり文句１・２、外来語、
自己紹介と６つの補充教材を４課ごとに用意しました。

＊　　＊　　＊

新しい時代にふさわしい中国語を取り入れるために、若い研究者であり教員でもある関西学院大学の操智先生が加わって一緒に構成、用語などを考えました。また、広島修道大学の中国語の先生方から多くのご助言をいただき、特に藤井隆先生から文法ポイントの説明等貴重なアドバイスをいただきました。そして筑波大学の黄麗華先生、慶応義塾大学の丁雷先生にも会話とポイントのアドバイスをいただき、心から感謝いたします。また、白帝社の皆様、特に小原恵子さん、十時真紀さんの多大なご援助にも深く感謝いたします。

私たちはこれまでの研究と経験を踏まえ、いただいたご助言を参考にして、「やさしい＋楽しい＋実用的」のモットーを忘れず、基本となる単語と文法はもちろん、新しい時代にふさわしい単語（“微信”“油管”、iPad、LINE、Facebook など）も入れて編集しましたが、不十分なところも多々あると思います。皆様のご教示、ご指導をいただければ嬉しい限りです。

万分感谢!

2023 年 9 月

郭春貴・郭久美子・操智

目　次

中国語について

1 中国語：中国の全人口の 92% を占める漢民族が使っている言語で、“汉语 Hànyǔ” という。“汉语” には上海語、広東語などの方言があり、学校では共通語の “普通话 pǔtōnghuà” を習う。外国人に対しては “中国话 Zhōngguóhuà”、“中文 Zhōngwén” とも言う。日本でいう「中国語」は “汉语” である。

2 漢　字：中国語の漢字の総数は 10 万字以上だが、常用漢字は約 3500 字ほどに過ぎない。日本の漢字と形も意味も全く同じものは 1000 以上とも言われ（例：“学”「学」)、日本人にとって習い易い言語と言える。もちろん、形が少し異なったり（例：“别”「別」)、意味が違うものもある（例：“走” は「歩く」)。

3 簡体字：中国は教育普及のために、1964 年に一部の漢字を簡略化した “简体字 jiǎntǐzì” を公布した。例えば、汉(漢)、语(語)、门(門)、体(體)、饭(飯)、艺(藝)、术(術)。

4 “拼音 pīnyīn”（中国式の表音ローマ字）：“拼音” はアルファベットと声調記号で漢字の読みを示す。日本語の「ふりがな」に当たる。例えば、“日本 Rìběn”、“中国 Zhōngguó”。英語や日本語のローマ字の読み方と似ているものもあるが、違うのもある。パソコンやケータイの変換で使うので、とても大切。

5 中国語の特徴

1　一文字一音節：中国語の漢字は全て一音節で、ほとんどは読みが 1 つで変化しない。日本語の漢字のような「音読み」「訓読み」がない。例えば、「生」は「せい」「しょう」「なま」「いきる」などがあるが、中国の漢字の “生” は “shēng” だけである。

2　時制と語尾の変化がない：中国語は、英語の「go, goes, went, gone, going」、日本語の「行く、行かない、行った、行け」のような時制や語尾の変化がない。例えば、「行く」の “去 qù” は “我去 wǒ qù”（私は行く）、“他去 tā qù”（彼は行く）のように変化がない。

3　声調によって意味が異なる：中国語は声調（音の高さ）によって、意味が異なる。例えば ma は、1 声 mā “妈”（母）、2 声 má “麻”（麻）、3 声 mǎ “马”（馬）、4 声 mà “骂”（罵る）。

4　語順が大切：日本語は「私は彼に教える」「彼に私は教える」のどちらの語順でもいいが、中国語には「てにをは」のような助詞がなく、語順で意味が決まる。例えば “我教他。Wǒ jiāo tā.”（私は彼に教える）“他教我。Tā jiāo wǒ.”（彼は私に教える）。

発音1　声調、重音、軽声、単母音

A02　1　声調

1．声調は音の高さ。中国語の声調は4つあり、四声とも言う。

2．声調記号は主要な母音の上に書く。パソコンやスマートフォン等で声調記号を入力できない場合、数字の1、2、3、4を使うことがある。

例）ma1　ma2　など

第1声：高く平らに伸ばす。声調記号は「ˉ」。

第2声：低い所から上げる。疑問に思う時の「えー？」と同じように上げる。
声調記号は「ˊ」。

第3声：低く抑える。声調記号は「ˇ」。

第4声：高い所から一気に下げる。「そうです」と言う時の「そう」と同じように下げる。
声調記号は「ˋ」。

1声 高く	2声 上げる	3声 低く	4声 下げる

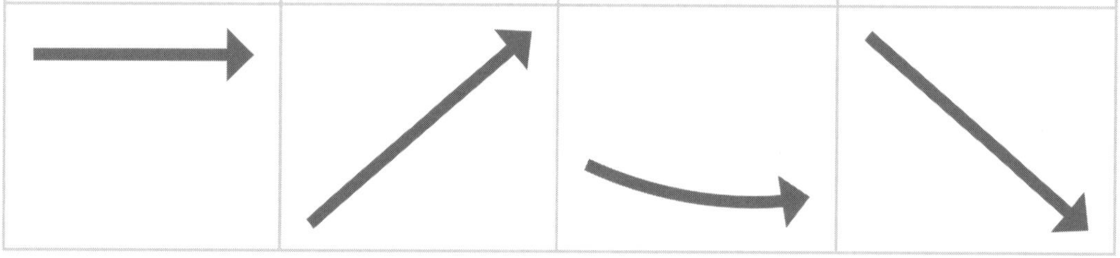

ā　　　á　　　ǎ　　　à

A03 2 重音と軽声

1．語尾や文末で、声調をつけてはっきり強く読むものを「重音」（“重音”）、軽く短く読むものを「軽声」（“轻声”）と言う。
2．中国語は日本語と逆で、ほとんどの語尾と文末は強く読む重音。
3．単語の語尾が軽声になるものは多くない。語気詞は軽声になることが多い。
4．声調記号があれば重音、なければ軽声で読む。

重音：	日本 Rìběn	中国 Zhōngguó	大学 dàxué	北京 Běi jīng
軽声：	妈妈 māma	爷爷 yéye	奶奶 nǎinai	爸爸 bàba

A04 3 単母音

a	日本語の「ア」より口を大きく開ける。
o	日本語の「オ」より口を丸くする。
e	口を大きく開けず、のどの奥で英語の「ə」を発音する。
i (yi)	日本語の「イ」より口をもっと横に引く。（横「イ」と覚えてください）
u (wu)	日本語の「ウ」より口をもっと前に突き出して丸くする。
ü (yu)	口を丸くして「イ」を発音する。（丸「イ」と覚えてください）
er	舌をそり上げて“e”を発音する。

＊（　）は単独の時（子音がつかない時）のつづり方。

A05 ♪ 声調をつけて、練習しましょう。

ā　á　ǎ　à　　ō　ó　ǒ　ò　　ē　é　ě　è

yī　yí　yǐ　yì　　wū　wú　wǔ　wù　　yū　yú　yǔ　yù

ēr　ér　ěr　èr

A06

挨拶 1

1 A：你好！ Nǐ hǎo! （こんにちは！）
B：您好！ Nín hǎo! （こんにちは！）（丁寧な言い方）

2 A：大家好。 Dàjiā hǎo. （みなさん、こんにちは）
B：老师好。 Lǎoshī hǎo. （先生、こんにちは）

3 A：谢谢。 Xièxie. （ありがとうございます）
B：不客气。 Bú kèqi. （どういたしまして）

4 A：再见。 Zàijiàn. （さようなら）
B：老师再见。 Lǎoshī zàijiàn. （先生、さようなら）

練習問題

A07 *1* 音声を聞いて、声調を選びなさい。

（1） ① yī ② yí ③ yǐ ④ yì
（2） ① yū ② yú ③ yǔ ④ yù

A08 *2* 音声を聞いて、ピンインを選びなさい。

（1） ① wǔ ② yǔ ③ yǐ ④ ě
（2） ① é ② ér ③ ó ④ á

発音 2　複母音と鼻母音

A09　1　複母音

ai	ei	ao	ou
ia (ya)	ie (ye)	iao (yao)	iou (you)
ua (wa)	uo (wo)	uai (wai)	uei (wei)
üe (yue)			

＊（　）は単独の時（子音がつかない時）のつづり方。
＊複母音の“ei、ie (ye)、üe (yue)、uei (wei)”の“e”は「エ」と発音する。
＊子音がつかない時、“ia、ie、iao、iou”は“i”を“y”に変えて“ya、ye、yao、you”、“üe”は“ü”の“··”を取り“y”をつけて“yue”、“ua、uo、uai、uei”は“u”を“w”に変えて“wa、wo、wai、wei”と書く。

A10　♪ 声調をつけて、練習しましょう。

āi	ái	ǎi	ài	ēi	éi	ěi	èi
āo	áo	ǎo	ào	ōu	óu	ǒu	òu
yā	yá	yǎ	yà	yē	yé	yě	yè
wā	wá	wǎ	wà	wō	wó	wǒ	wò
yāo	yáo	yǎo	yào	yōu	yóu	yǒu	yòu
wāi	wái	wǎi	wài	wēi	wéi	wěi	wèi
yuē	yué	yuě	yuè				

A11

2 鼻母音

“n”：舌先を上の歯茎につける。

“ng”：舌先を上の歯茎につけない。息を鼻に送りつづける。

an	ang	en	eng	ong
ian (yan)	iang (yang)	in (yin)	ing (ying)	iong (yong)
uan (wan)	uang (wang)	uen (wen)	ueng (weng)	
üan (yuan)		ün (yun)		

＊（　）は単独の時（子音がつかない時）のつづり方。

＊“ian(yan)、üan(yuan)”の“a”は「エ」と発音する。

A12

♪ 声調をつけて、練習しましょう。

ān	án	ǎn	àn	āng	áng	ǎng	àng
ēn	én	ěn	èn	ēng	éng	ěng	èng
ōng	óng	ǒng	òng				
yān	yán	yǎn	yàn	yāng	yáng	yǎng	yàng
yīn	yín	yǐn	yìn	yīng	yíng	yǐng	yìng
yōng	yóng	yǒng	yòng				
wān	wán	wǎn	wàn	wāng	wáng	wǎng	wàng
wēn	wén	wěn	wèn	wēng	wéng	wěng	wèng
yuān	yuán	yuǎn	yuàn	yūn	yún	yǔn	yùn

A13

挨拶２

1 A：早上好。 Zǎoshang hǎo.　（おはようございます）
B：早上好。 Zǎoshang hǎo.　（おはようございます）

2 A：晚上好。 Wǎnshang hǎo.　（こんばんは）
B：晚上好。 Wǎnshang hǎo.　（こんばんは）

3 A：晚安。 Wǎn'ān.　（おやすみなさい）
B：晚安。 Wǎn'ān.　（おやすみなさい）

4 A：加油！加油！ Jiāyóu! Jiāyóu!　（頑張ってください）
B：一起加油吧。 Yìqǐ jiāyóu ba.　（一緒に頑張りましょう）

練習問題

A14 *1* 音声を聞いて、声調を選びなさい。

（1）　① ān　② án　③ ǎn　④ àn

（2）　① āng　② áng　③ ǎng　④ àng

A15 *2* 音声を聞いて、ピンインを選びなさい。

（1）　① yǎn　② yuǎn　③ yǎng　④ yǔn

（2）　① wán　② wáng　③ wén　④ wéng

発音 3　子音

A16　1　子音

中国語の子音は 21 ある。子音だけでは発音しにくいので(　)の母音をつけて発音する。

	無気音	有気音		
両 唇 音	b (o)	p (o)	m (o)	
唇 歯 音				f (o)
舌 尖 音	d (e)	t (e)	n (e)	l (e)
舌 根 音	g (e)	k (e)	h (e)	
舌 面 音	j (i)	q (i)	x (i)	
そり舌音	zh (i)	ch (i)	sh (i)	r (i)
舌 歯 音	z (i)	c (i)	s (i)	

A17　2　お化けの“i”と本物の“i”

“zh、ch、shi、r、z、c、s”の７つの子音の後の“i”は「イ」ではない。「お化けの“i”」と名付ける。“zhi”を「ジ」、“chi”を「チ」、“shi”を「シ」、“ri”を「リ」、“zi”を「ズィ」、“ci”を「ツィ」、“si”を「スィ」と読まないように注意。

“zhi、chi、shi、ri”は舌を反り、“zi、ci”は舌を上下の歯の合わせ目につけて、“si”は舌を上下の歯の合わせ目に近づけて発音する。

お化けの“i”：下記の７個だけ“i”を「イ」と発音しない。

zhi　chi　shi　ri　zi　ci　si

本物の“i”：お化けの“i”以外は全て本物の“i”。「イ」と発音する。

ji　qi　xi　　bi　pi　mi　　di　ti　ni　li…

A18 3 有気音（息を強く出す）と無気音（息を弱く出す）

中国語の発音では有気音と無気音の区別があり、意味も異なる。例えば“hěn bàng”（“b”は無気音）は「とても素晴らしい」、“hěn pàng”（“p”は有気音）は「とても太っている」。

日本語はほとんど「無気音」なので、「有気音」を発音する時、意識して強く息を出すようにする。

無気音 b	bo	ba	bi	bu
有気音 p	po	pa	pi	pu

無気音 d	de	da	di	du
有気音 t	te	ta	ti	tu

無気音 g	ge	ga	gu	gan
有気音 k	ke	ka	ku	kan

無気音 j	ji	ju	jie	jue
有気音 q	qi	qu	qie	que

＊“u”は丸「イ」

無気音 zh	zhi	zha	zhe	zhu
有気音 ch	chi	cha	che	chu

無気音 z	zi	za	ze	zu
有気音 c	ci	ca	ce	cu

A19 4 “l”と“r”

“l”は英語の「l」と同じ発音、“r”はそり舌音。

舌 尖 音 l	li	le	lu	lun
そり舌音 r	ri	re	ru	run

A20

挨拶3

1 A：你好吗？ Nǐ hǎo ma?　（お元気ですか）
B：托您的福，很好。 Tuō nín de fú, hěn hǎo.（おかげさまで、元気です）

2 A：请多关照。 Qǐng duō guānzhào.　（どうぞ、よろしくお願いします）
B：哪里哪里！ Nǎli nǎli!　（こちらこそ）

3 A：麻烦您了。 Máfan nín le.　（お手数をかけます・お願いします）
B：没什么。 Méi shénme.　（いいえ・大丈夫です）

4 A：对不起。 Duìbuqǐ.　（すみません）
B：没事儿。 Méi shìr.　（いいえ、大丈夫です）

練習問題

A21 **1** 音声を聞いて、声調を選びなさい。

(1)　① chī　② chí　③ chǐ　④ chì
(2)　① qī　② qí　③ qǐ　④ qì

A22 **2** 音声を聞いて、ピンインを選びなさい。

(1)　① zhī　② chī　③ jī　④ qī
(2)　① zhé　② ché　③ zhá　④ chá

発音4　つづり、変調、音節表

A23　1　つづりの注意点　＊（　　）内は子音がつかない時。

1．iou (you)

子音＋“iou” →　子音＋“iu”（発音は“o”の音が残る）

miu　　diu　　liu　　jiu

2．uei (wei)”

子音＋“uei” →　子音＋“ui”（発音は“e”「エ」の音が残る）

dui　　tui　　zhui　　chui

3．uen (wen)

子音＋“uen” →　子音＋“un”（発音は“ə”の音が残る）

dun　　tun　　zhun　　chun

4．“u”と“ü”の区別

①“j、q、x、y”の後の“u”は“ü”（丸「イ」）。“ü”の上の“¨”を省略するが、発音は“ü”。

ju　qu　xu　yu　　jun　qun　xun　yun　　jue　que　xue　yue

juan　quan　xuan　yuan

②“j、q、x、y”以外の子音の後の“u”は“u”（ウ）。

bu　pu　mu　fu　zhun　chun　shun　run……

③“n”と“l”は“u”と“ü”のどちらもあるので、はっきり区別して書く。（パソコンで“ü”を入力する時は、キーボードの「v」を押す）

nu　　nü　　　lu　　lü　　　nüe　　lüe

A24 2 変調

中国語の声調はほとんど固定しているが、特定の声調と結びつくと声調が変わる。これを変調と言い、３種類ある。

1．**３声＋３声** → ２声＋３声 （書き方はそのまま３声＋３声）

你好 nǐ hǎo → ní hǎo（こんにちは）　水果 shuǐguǒ → shuíguǒ（果物）

2．**“一 yī”の変調**

① 数字、順番、時間、語尾の“一”は１声のまま。

一 yī、二 èr、三 sān…　第一 dì yī　十一 shíyī　统一 tǒngyī

② 後ろが1、2、３声の場合は、４声“yì”に変わる。

一千 yìqiān（1000）　一年 yì nián（１年）　一百 yìbǎi（100）

③ 後ろが４声の場合は、２声“yí”に変わる。

一万 yíwàn（１万）　一亿 yí yì（１億）

3．**“不 bù”の変調**

① 後ろが1、2、３声の場合は、４声のまま。

不吃 bù chī（食べない）　不来 bù lái（来ない）

不好 bù hǎo（よくない）

② 後ろが４声の場合は、２声“bú”に変わる。

不要 bú yào（いらない）　不看 bú kàn（見ない）

不在 bú zài（居ない）

＊辞書は全て変調前の声調が書いてあるが、本書は学習上の効果を考えて、３声＋３声はそのまま、“一 yī”と“不 bù”は変調後の声調を書く。

A25 3 “儿化”（アル化）

そり舌母音の“er”が他の音節に結合して、その語尾がそり舌音になる現象を「アル化」と言う。「アル化」した場合、ピンインは“r”だけをつける。北方方言に多く、最近、標準語は少なくなった。以下は「アル化」すると意味が変わる例。

画 huà（描く）—— 画儿 huàr（絵）　一点 yī diǎn（１時）—— 一点儿 yìdiǎnr（少し）

A26

4 数字

一	二	三	四	五	六	七	八	九	十	零
yī	èr	sān	sì	wǔ	liù	qī	bā	jiǔ	shí	líng

A27

5 音節表 (p.20-21)

中国語の音節は全部で 401 ある。子音と母音の組み合わせの全てがあるわけではない。ほとんどは声調が 4 つあるが、ないものもある。

練習問題

A28 1. 音声を聞いて、声調を選びなさい。

(1)　① kū　② kú　③ kǔ　④ kù

(2)　① qū　② qú　③ qǔ　④ qù

A29 2. 音声を聞いて、ピンインを選びなさい。

(1)　① kǔn　② gǔn　③ qǔn　④ jǔn

(2)　① wǔ　② yǔ　③ shǔ　④ xǔ

韻母 / 声母	1																		
	a	o	e	i	er	ai	ei	ao	ou	an	en	ang	eng	ong	i	ia	iao	ie	iou
b	ba	bo				bai	bei	bao		ban	ben	bang	beng		bi		biao	bie	
p	pa	po				pai	pei	pao	pou	pan	pen	pang	peng		pi		piao	pie	
m	ma	mo	me			mai	mei	mao	mou	man	men	mang	meng		mi		miao	mie	miu
f	fa	fo					fei		fou	fan	fen	fang	feng						
d	da		de			dai	dei	dao	dou	dan		dang	deng	dong	di		diao	die	diu
t	ta		te			tai		tao	tou	tan		tang	teng	tong	ti		tiao	tie	
n	na		ne			nai	nei	nao		nan	nen	nang	neng	nong	ni		niao	nie	niu
l	la		le			lai	lei	lao	lou	lan		lang	leng	long	li	lia	liao	lie	liu
g	ga		ge			gai	gei	gao	gou	gan	gen	gang	geng	gong					
k	ka		ke			kai		kao	kou	kan	ken	kang	keng	kong					
h	ha		he			hai	hei	hao	hou	han	hen	hang	heng	hong					
j															ji	jia	jiao	jie	jiu
q															qi	qia	qiao	qie	qiu
x															xi	xia	xiao	xie	xiu
zh	zha		zhe	zhi		zhai	zhei	zhao	zhou	zhan	zhen	zhang	zheng	zhong					
ch	cha		che	chi		chai		chao	chou	chan	chen	chang	cheng	chong					
sh	sha		she	shi		shai	shei	shao	shou	shan	shen	shang	sheng						
r			re	ri				rao	rou	ran	ren	rang	reng	rong					
z	za		ze	zi		zai	zei	zao	zou	zan	zen	zang	zeng	zong					
c	ca		ce	ci		cai		cao	cou	can	cen	cang	ceng	cong					
s	sa		se	si		sai		sao	sou	san	sen	sang	seng	song					
	a	o	e		er	ai	ei	ao	ou	an	en	ang			yi	ya	yao	ye	you

2					3									4			
ian	in	iang	ing	iong	u	ua	uo	uai	uei	uan	uen	uang	ueng	ü	üe	üan	ün
bian	bin		bing		bu												
pian	pin		ping		pu												
mian	min		ming		mu												
					fu												
dian			ding		du		duo		dui	duan	dun						
tian			ting		tu		tuo		tui	tuan	tun						
nian	nin	niang	ning		nu		nuo			nuan				nü	nüe		
lian	lin	liang	ling		lu		luo			luan	lun			lü	lüe		
					gu	gua	guo	guai	gui	guan	gun	guang					
					ku	kua	kuo	kuai	kui	kuan	kun	kuang					
					hu	hua	huo	huai	hui	huan	hun	huang					
jian	jin	jiang	jing	jiong										ju	jue	juan	jun
qian	qin	qiang	qing	qiong										qu	que	quan	qun
xian	xin	xiang	xing	xiong										xu	xue	xuan	xun
					zhu	zhua	zhuo	zhuai	zhui	zhuan	zhun	zhuang					
					chu		chuo	chuai	chui	chuan	chun	chuang					
					shu	shua	shuo	shuai	shui	shuan	shun	shuang					
					ru		ruo		rui	ruan	run						
					zu		zuo		zui	zuan	zun						
					cu		cuo		cui	cuan	cun						
					su		suo		sui	suan	sun						
yan	yin	yang	ying	yong	wu	wa	wo	wai	wei	wan	wen	wang	weng	yu	yue	yuan	yun

補充教材 1

教室 用语 （教室用語）
jiàoshì yòngyǔ

A30

1 **同学们 好！** （みなさん、こんにちは！）

Tóngxuémen hǎo!

2 **我们 上课 吧。** （授業を始めましょう）

Wǒmen shàngkè ba.

3 **我们 下课 吧。** （授業を終わりましょう）

Wǒmen xiàkè ba.

4 **请 跟 我 念。** （私について声に出して読んでください）

Qǐng gēn wǒ niàn.

5 **请 再 念 一 遍。** （もう一度声に出して読んでください）

Qǐng zài niàn yí biàn.

6 **请 大家 听 一 遍。** （みなさん、1回聞いてください）

Qǐng dàjiā tīng yí biàn.

7 **请 打开 课本 第 十 页。** （テキストの10ページを開いてください）

Qǐng dǎkāi kèběn dì shí yè.

8 **请 大家 看 黑板。** （みなさん、黒板を見てください）

Qǐng dàjiā kàn hēibǎn.

9 **请 你 大声 一点儿。** （少し大きい声でお願いします）

Qǐng nǐ dàshēng yìdiǎnr.

10 **很 好！ 大家 都 说 得 很 好。** （いいですよ。みなさん、とても上手に話せました）

Hěn hǎo! Dàjiā dōu shuō de hěn hǎo.

第 1 课 Dì yī kè

你们 是 中国 留学生 吗?

Nǐmen shì Zhōngguó liúxuéshēng ma?

会話

A31 A32

田中：Tiánzhōng　你们 好! 你们 是 中国 留学生 吗?
Nǐmen hǎo! Nǐmen shì Zhōngguó liúxuéshēng ma?

王　英：Wáng Yīng:　你 好! 我 是, 他 不 是。
Nǐ hǎo! Wǒ shì, tā bú shì.

田中：Tiánzhōng　我 姓 田中, 叫 田中 健。你们 叫 什么 名字?
Wǒ xìng Tiánzhōng, jiào Tiánzhōng Jiàn. Nǐmen jiào shénme míngzi?

王　英：Wáng Yīng:　我 姓 王, 叫 王 英。他 叫 李 东。
Wǒ xìng Wáng, jiào Wáng Yīng. Tā jiào Lǐ Dōng.

A33

語彙を増やしましょう　人称代名詞

1. 我们	wǒmen	私たち	4. 他们	tāmen	彼ら
2. 您	nín	「あなた」の敬称	5. 她们	tāmen	彼女たち
3. 她	tā	彼女	6. 谁	shéi/shuí	誰

ポイント

A34

1 “是 shì”：「…は～である」、「…は～だ」。否定は“是 shì”の前に否定詞の“不 bù”をつける。

be 動詞と考えてもいいが、形容詞の前に置けない。

① 我　是　日本人，　不　是　中国人。
Wǒ shì Rìběnrén, bú shì Zhōngguórén.

② 她　不　是　学生，　是　老师。
Tā bú shì xuésheng, shì lǎoshī.

A35

2 “吗 ma”：「…か」

① A: 你　是　大学生　吗?
Nǐ shì dàxuéshēng ma?

B: 是，　我　是　大学生。
Shì, wǒ shì dàxuéshēng.

② A: 他　是　汉语　老师　吗?
Tā shì Hànyǔ lǎoshī ma?

B: 不　是，　他　是　英语　老师。
Bú shì, tā shì Yīngyǔ lǎoshī.

A36

3 “姓 xìng”：「…という姓である」　“叫 jiào”：「…という名前である」　“什么 shénme”：「何？」

① A: 你　姓　什么?
Nǐ xìng shénme?

B: 我　姓　田中。
Wǒ xìng Tiánzhōng.

② A: 你　姓　田中　吗?
Nǐ xìng Tiánzhōng ma?

B: 不　是，　我　姓　中田。
Bú shì, wǒ xìng Zhōngtián.

③ A: 你　叫　什么　名字?
Nǐ jiào shénme míngzi?

B: 我　叫　田中　大贵。
Wǒ jiào Tiánzhōng Dàguì.

④ A: 你　叫　田中　大贵　吗?
Nǐ jiào Tiánzhōng Dàguì ma?

B: 不　是，　我　叫　中田　大贵。
Bú shì, wǒ jiào Zhōngtián Dàguì.

A37 発音の復習　お化けの i

zhī	zhí	zhǐ	zhì
chī	chí	chǐ	chì
shī	shí	shǐ	shì
rī	rí	rǐ	rì

zī	zí	zǐ	zì
cī	cí	cǐ	cì
sī	sí	sǐ	sì

A38 shì 是

- 是，是，是。　Shì, shì, shì.
- 我是，我是，我是。　Wǒ shì, wǒ shì, wǒ shì.
- 不是，不是，不是。　Bú shì, bú shì, bú shì.
- 我不是，我不是，我不是。　Wǒ bú shì, wǒ bú shì, wǒ bú shì.

A39 rì 日

- 日日日，我是日本人。　Rì rì rì, wǒ shì Rìběnrén.
- 日日日，他不是日本人。　Rì rì rì, tā bú shì Rìběnrén.

A40

単語の復習

	中国語	ピンイン
□ 1　あなた		
□ 2　あなたたち		
□ 3　…は～である、…は～だ		
□ 4　中国		
□ 5　留学生		
□ 6　…か		
□ 7　いい、元気だ		
□ 8　私、僕		
□ 9　彼		
□ 10　…ではない、…しない		
□ 11　…という姓である		
□ 12　…という名前である		
□ 13　何、何の、どんな		
□ 14　名前		
□ 15　私たち		
□ 16　「あなた」の敬称		
□ 17　彼女		
□ 18　彼ら		
□ 19　彼女たち		
□ 20　誰		
□ 21　日本		
□ 22　人		
□ 23　学生		
□ 24　学校の先生		
□ 25　大学生		
□ 26　中国語		
□ 27　英語		

練習問題

A41 **1** 音声を聞いて、ピンインと漢字を書き、日本語に訳しなさい。

(1)

(2)

2 次の文を中国語に訳し、ピンインも書きなさい。

(1) 彼らは中国語の先生ですか。

(2) 私は中田という苗字で、中田健と言います。

3 次のピンインを読んで、漢字に直し、日本語に訳しなさい。

(1) Wáng Jiàn shì Zhōngguó liúxuéshēng ma?

(2) Tā xìng Tiánzhōng, jiào Tiánzhōng Dàguì.

文化コーナー

中国人の挨拶

日本の挨拶「こんにちは」「おはようございます」にあたる中国の挨拶は“你好！”“早上好！”ですが、これはあまり親しくない人に対する挨拶で、知り合いやお客さんに対しては、まず相手の名前や親族関係を呼びかけることが大切です。例えば、“李老师，早上好！ Lǐ lǎoshī, zǎoshang hǎo!”“王明 Wáng Míng”“大叔 dàshū”（おじさん)、“阿姨 āyí”（おばさん)、“爷爷 yéye”（おじいさん）など。

挨拶は相手を呼ぶことが大切で、例えば親戚の人には挨拶言葉よりも、まずその関係を呼びかけます。ですから、子供には小さい時からその習慣を育てるのです。

第2课
Dì èr kè

请问，这是什么茶？
Qǐng wèn, zhè shì shénme chá?

会話

A42
田中：请问，这是什么茶？
Tiánzhōng: Qǐng wèn, zhè shì shénme chá?

A43
店员：这个是茉莉花茶，很好喝。
diànyuán: Zhèige shì mòlìhuāchá, hěn hǎohē.

田中：那些也都是茉莉花茶吗？
Tiánzhōng: Nèixiē yě dōu shì mòlìhuāchá ma?

店员：不是，那些都是绿茶，也不错。
diànyuán: Bú shì, nèixiē dōu shì lǜchá, yě búcuò.

A44
語彙を増やしましょう

1. 吃 chī 食べる
2. 喝 hē 飲む
3. 菜 cài 料理、野菜
4. 红茶 hóngchá 紅茶
5. 咖啡 kāfēi コーヒー
6. 水 shuǐ 水

ポイント

A45

1 指示代名詞

	これ、この	それ、あれ、その、あの	どれ、どの
単数	这　　这个 zhè　zhèige · zhège	那　　那个 nà　nèige · nàge	哪　　哪个 nǎ　něige · nǎge
複数	这些 zhèixiē · zhèxiē	那些 nèixiē · nàxiē	哪些 něixiē · nǎxiē

“zhèi、nèi、něi” は北方の言い方、“zhè、nà、nǎ” は南方の言い方。両方ともよく使う。後に「量詞」がある時は、“zhèi、nèi、něi” と言うことが多い。「量詞」がない時は “zhè、nà、nǎ” と言う。

① A: 这(/ 这个)　是　什么?
Zhè (/ Zhèige)　shì　shénme?

B: 这(/ 这个)　是　开水。
Zhè (/ Zhèige)　shì　kāishuǐ.

② A: 那(/ 那个)　是　什么　菜?
Nà (/ Nèige)　shì　shénme　cài?

B: 那(/ 那个)　是　中国菜。
Nà (/ Nèige)　shì　Zhōngguócài.

③ A: 这些　是　日本酒　吗?
Zhèixiē　shì　Rìběnjiǔ　ma?

B: 是。/ 不　是。
Shì. / Bú　shì.

④ A: 那些　人　是　英国　学生　吗?
Nèixiē　rén　shì　Yīngguó　xuésheng　ma?

B: 是。/ 不　是。
Shì. / Bú　shì.

A46

2 主語＋“很 hěn”＋形容詞 ：状態を説明する形容詞述語文

(1) 形容詞の前に “是 shì” をつけない。“他是好 Tā shì hǎo” とは言わない。
(2) 肯定の時は、必ず “很” を形容詞の前に置く。“他很好。Tā hěn hǎo.”。“很” を強く読むと「彼はとても元気だ」、弱く読むと「彼は元気だ」になる。否定文は形容詞の前に “不” をつける。疑問文と返答文は “很” がいらない。つけると、「とても」の意味になる。“他不好。Tā bù hǎo.” “他好吗? Tā hǎo ma?”
(3) 形容詞は過去形がない。

① A: 这个　美国　咖啡　好喝　吗?
Zhèige　Měiguó　kāfēi　hǎohē　ma?

B: 好喝，　很　好喝。
Hǎohē,　hěn　hǎohē.

② A: 那个　菜　怎么样？
Nèige　cài　zěnmeyàng?

B: 不　好吃，　很　不　好吃。
Bù　hǎochī,　hěn　bù　hǎochī.

A47 3 "也 yě"：「…も」 "都 dōu"：「みんな、全部、共に」

副詞。必ず動詞か形容詞の前に置き、名詞の前には"是 shì"をつける。"也"と"都"を一緒に使うときは、"也"が先で"都"が後。

① A: 田中 是 高中生， 中田 也 是 高中生 吗?
Tiánzhōng shì gāozhōngshēng, Zhōngtián yě shì gāozhōngshēng ma?

B: 是， 他们 都 是 高中生。
Shì, tāmen dōu shì gāozhōngshēng.

② A: 这些 菜 都 很 好吃， 那些 菜 也 都 好吃 吗?
Zhèixiē cài dōu hěn hǎochī, nèixiē cài yě dōu hǎochī ma?

B: 不 好吃， 那些 都 不 好吃。
Bù hǎochī, nèixiē dōu bù hǎochī.

発音の復習　重音と軽声

A48 **重音** 多音節の単語は軽声以外の語尾は全て重音。文末も語気詞以外は強く読む。

① 中国 Zhōngguó　日本 Rìběn　日本人 Rìběnrén　中国人 Zhōngguórén

② 这个是日本菜，那个是中国菜。 Zhèige shì Rìběncài, nèige shì Zhōngguócài.

A49 **軽声** 一部の単語の語尾（重ねる名詞、動詞、量詞など）と文末の語気詞。

① 爸爸 bàba　妈妈 māma　爷爷 yéye　奶奶 nǎinai　谢谢 xièxie

② 你好吗? Nǐ hǎo ma?　这个菜好吃吗? Zhèige cài hǎochī ma?

A50

単語の復習

	中国語	ピンイン
□ 1　ちょっとお尋ねします		
□ 2　これ、この		
□ 3　茶		
□ 4　ジャスミン茶		
□ 5　とても		
□ 6　飲み物がおいしい		
□ 7　あれら		
□ 8　…も		
□ 9　みんな、全部、共に		
□ 10　緑茶		
□ 11　悪くない、素晴らしい		
□ 12　食べる		
□ 13　飲む		
□ 14　料理、野菜		
□ 15　紅茶		
□ 16　コーヒー		
□ 17　水		
□ 18　それ、あれ、その、あの		
□ 19　どれ、どの		
□ 20　これら		
□ 21　どれら		
□ 22　さゆ、湯ざまし		
□ 23　酒		
□ 24　イギリス		
□ 25　アメリカ		
□ 26　食べ物がおいしい		
□ 27　どうですか		
□ 28　高校生		

練習問題

A51 **1** 音声を聞いて、ピンインと漢字を書き、日本語に訳しなさい。

(1)

(2)

2 次の文を中国語に訳し、ピンインも書きなさい。

(1) これらは何というお茶ですか。

(2) あれらのコーヒーもみんなおいしいですか。

3 次のピンインを読んで、漢字に直し、日本語に訳しなさい。

(1) Lǐ Dōng yě bú shì dàxuéshēng, tā shì gāozhōngshēng.

(2) Zhèixiē lǜchá yě dōu hěn búcuò, hěn hǎohē.

文化コーナー

呼び捨て

中国語には日本の男女併用の「～さん」にあたる言葉がありません。男性なら“先生 xiānsheng”、若い女性なら“小姐 xiǎojiě”、中年以上の女性なら“女士 nǚshì”を苗字の前につけます。英語の Mr. Miss. Mrs. にあたります。学校の先生が学生を呼ぶ時や友達同士なら呼び捨てにし、直接名前を呼びます。親しい間柄では日本と同じく名前だけを呼ぶことが多いです。

同僚や友達で、自分よりちょっと年上の「王さん」なら苗字の前に“老 lǎo”をつけて“老王 Lǎo Wáng”、自分より年下なら“小 xiǎo”をつけて“小王 Xiǎo Wáng”と呼びます。親しい間柄で自分より年上なら、苗字の後に“哥 gē”(兄さん)“姐 jiě”(姉さん)をつけ、“王哥 Wáng gē”“王姐 Wáng jiě”と呼び、自分より年下なら名前だけで呼ぶことが多いです。

第3课 Dì sān kè

你 吃 什么？
Nǐ chī shénme?

会話

A52
李红：Lǐ Hóng: 你 吃 什么？
Nǐ chī shénme?

A53
田中：Tiánzhōng: 我 吃 饺子。
Wǒ chī jiǎozi.

李红：Lǐ Hóng: 这儿 的 饺子 好吃 吗？
Zhèr de jiǎozi hǎochī ma?

田中：Tiánzhōng: 不错，很 好吃。
Búcuò, hěn hǎochī.

A54
語彙を増やしましょう

1. 说 shuō 話す
2. 看 kàn 見る、読む
3. 学习 xuéxí 勉強する
4. 明白 míngbai わかる
5. 面包 miànbāo パン
6. 面条 miàntiáo そば、麺類

ポイント

A55

1 主語＋動詞（＋目的語）「SVO」

目的語は動詞の後に置く。動詞の否定は“不 bù”か“没 méi”を動詞の前に置く。未来と意志、習慣は“不”、現在と過去は“没”を使う。

① A: 你　明白　吗?
Nǐ　míngbai　ma?

B: 明白。
Míngbai.

② A: 他　爸爸　妈妈　来　日本　吗?
Tā　bàba　māma　lái　Rìběn　ma?

B: 不　来。
Bù　lái.

③ A: 你　哥哥　姐姐　吃　什么?
Nǐ　gēge　jiějie　chī　shénme?

B: 他们　吃　寿司。
Tāmen　chī　shòusī.

④ A: 今天　谁　没　来?
Jīntiān　shéi　méi　lái?

B: 田中　没　来。
Tiánzhōng　méi　lái.

A56

2 場所指示代名詞

ここ		そこ、あそこ		どこ	
这儿 zhèr	这里 zhèli	那儿 nàr	那里 nàli	哪儿 nǎr	哪里 nǎli

“这儿、那儿、哪儿”は北方の言い方、“这里、那里、哪里”は南方の言い方。

① A: 你　妹妹　去　哪儿？
Nǐ　mèimei　qù　nǎr?

B: 她　去　那儿。
Tā　qù　nàr.

② A: 这里　好　吗?
Zhèli　hǎo　ma?

B: 这里　很　好。
Zhèli　hěn　hǎo.

A57 **3** **“的 de”**：「…の」。名詞 / 形容詞 / 動詞が名詞を修飾する時に使う。

「人称代名詞 + “的” + 親族 / 所属名詞」は “的” を省略可。自分や相手がわかっている目的語も省略可。

① 名詞 +“的”+ 名詞：

谁　的　手机	公司　的　电脑
shéi　de　shǒujī	gōngsī　de　diànnǎo

② 人称代名詞（+“的”）+ 親族 / 所属名詞：

他　（的）　弟弟	她　（的）　家
tā　(de)　dìdi	tā　(de)　jiā

③ 形容詞 +“的”+ 名詞：

好吃　的　蛋糕	不　好吃　的　面条
hǎochī　de　dàngāo	bù　hǎochī　de　miàntiáo

④ 動詞 +“的”+ 名詞：

他　说　的　日语	我　看　的　书
tā　shuō　de　Rìyǔ	wǒ　kàn　de　shū

⑤ 名詞 / 形容詞 / 動詞 / 動詞 + 目的語 +“的”：

我　的	好　的	喝　的	喝　茶　的
wǒ　de	hǎo　de	hē　de	hē　chá　de

A58 発音の復習　　i と ü

“i” の発音は「イ」だが、「イ」よりさらに唇を横に引く。“ü” は唇を丸くして「イ」を発音する。単独では “yi”、“yu” と書く。本書では覚えやすくするために、“i (yi)” は「横イ」、“ü (yu)” は「丸イ（㋑と表記する）」と言う。

yī　yí　yǐ　yì　　　　yū　yú　yǔ　yù

♪ Dà yì, dà yù, dà yì, dà yù, dà yì, dà yù.

♪ Xiǎo yí, xiǎo yú, xiǎo yí, xiǎo yú, xiǎo yí, xiǎo yú.

A59

単語の復習

	中国語	ピンイン
□ 1　餃子		
□ 2　ここ		
□ 3　…の		
□ 4　話す		
□ 5　見る、読む		
□ 6　勉強する		
□ 7　わかる		
□ 8　パン		
□ 9　そば、麺類		
□ 10　父		
□ 11　母		
□ 12　来る		
□ 13　兄		
□ 14　姉		
□ 15　寿司		
□ 16　今日		
□ 17　していない、しなかった		
□ 18　そこ、あそこ		
□ 19　どこ		
□ 20　妹		
□ 21　行く		
□ 22　ケータイ		
□ 23　会社		
□ 24　パソコン		
□ 25　弟		
□ 26　家		
□ 27　ケーキ		
□ 28　日本語		
□ 29　本		

練習問題

A60 **1** 音声を聞いて、ピンインと漢字を書き、日本語に訳しなさい。

(1)

(2)

2 次の文を中国語に訳し、ピンインも書きなさい。

(1) 彼のお姉さんは英語を習っていない。

(2) あそこのお寿司はとてもおいしいです。

3 次のピンインを読んで、漢字に直し、日本語に訳しなさい。

(1) Nàr de miàntiáo yě hěn hǎochī.

(2) Wǒ xuéxí Hànyǔ, wǒ dìdi xuéxí Yīngyǔ.

文化コーナー

本場の餃子

日本の餃子の皮は機械で作った薄いものが多く、主な具はキャベツと肉ですが、中国の餃子の皮は粉から手作り（最近は機械で作ったものもある）で厚みがあり、具もたっぷり入れます。具は地方、家庭によって様々ですが、豚肉と白菜、ニラ、ネギ、しいたけが多いです。肉は鶏肉や牛肉、羊肉もあり、野菜もいろいろです。

中国では、餃子は主食です。町には餃子の専門店がたくさんあり、具も何十種類もあります。餃子の注文は一般的に１皿、何個ではなく、重さで注文します。「３両」、「半斤」（１斤は500g、１両は50g）などです。

第4课
Dì sì kè

明天 你 去 不 去?
Míngtiān nǐ qù bu qù?

会話

A61
A62

李红：　田中，明天 你 去 不 去 学校?
Lǐ Hóng:　Tiánzhōng, míngtiān nǐ qù bu qù xuéxiào?

田中：　明天 星期六，我 不 去。
Tiánzhōng:　Míngtiān xīngqīliù, wǒ bú qù.

李红：　中田 呢? 他 去 不 去?
Lǐ Hóng:　Zhōngtián ne? Tā qù bu qù?

田中：　我 不 知道。
Tiánzhōng:　Wǒ bù zhīdào.

A63

語彙を増やしましょう

1. 听	tīng	聞く	4. 忙	máng	忙しい
2. 买	mǎi	買う	5. 贵	guì	値段が高い
3. 卖	mài	売る	6. 便宜	piányi	安い

ポイント

A64 1 年、日、曜日

前天 qiántiān	昨天 zuótiān	今天 jīntiān	明天 míngtiān	后天 hòutiān	每天 měitiān
前年 qiánnián	去年 qùnián	今年 jīnnián	明年 míngnián	后年 hòunián	每年 měinián

星期一、 周一 xīngqīyī zhōuyī	星期二、 周二 xīngqī'èr zhōu'èr	星期三、 周三 xīngqīsān zhōusān	星期四、 周四 xīngqīsì zhōusì
星期五、 周五 xīngqīwǔ zhōuwǔ	星期六、 周六 xīngqīliù zhōuliù	星期日（天）、 周日 xīngqīrì(tiān) zhōurì	星期 几、 周 几 xīngqī jǐ zhōu jǐ

① A: 今天 星期 几?
Jīntiān xīngqī jǐ?

B: 星期二。
Xīngqī'èr.

② A: 后天 （是） 周五 吗?
Hòutiān (shì) zhōuwǔ ma?

B: 不 是， 后天 不 是 周五，是 周六。
Bú shì, hòutiān bú shì zhōuwǔ, shì zhōuliù.

A65 2 動詞 / 形容詞＋“不 bu”＋動詞 / 形容詞？：「…しますか」「…ですか」

“吗” をつける疑問文と同じだが、確認するニュアンスがある。目的語は「V“不”V」の後に置くことが多い。

① A: 周四 你 去 不 去 大学?
Zhōusì nǐ qù bu qù dàxué?

B: 去。
Qù.

② A: 你 星期六 忙 不 忙?
Nǐ xīngqīliù máng bu máng?

B: 不 忙。
Bù máng.

A66

3 名詞＋“呢 ne”：「…は？」「…はどうですか」

① A: 他　的　手机　很　贵，　您　的　呢?
Tā　de　shǒujī　hěn　guì,　nín　de　ne?

B: 我　的　不　贵，　很　便宜。
Wǒ　de　bú　guì,　hěn　piányi.

② A: 你　买　什么　东西?
Nǐ　mǎi　shénme　dōngxi?

B: 我　买　面包，　你　呢?
Wǒ　mǎi　miànbāo,　nǐ　ne?

A67

発音の復習　e と ei、ie

“e”　単母音（“e”“er”）と鼻母音（“en”“eng”）の“e”は「エ」ではなく「ə」と発音する。

“ei”　複母音（“ei”“ie”“üe”）の“e”は「エ」と発音する。「エイ」、「イエ」、「㋑エ」。

ē	é	ě	è
ēr	ér	ěr	èr
ēn	én	ěn	èn
ēng	éng	ěng	èng

wēi	wéi	wěi	wèi
yē	yé	yě	yè
yuē	yué	yuě	yuè

A68

単語の復習

	中国語	ピンイン
□ 1　明日		
□ 2　学校		
□ 3　土曜日		
□ 4　…は？		
□ 5　知る、知っている		
□ 6　聞く		
□ 7　買う		
□ 8　売る		
□ 9　忙しい		
□ 10　値段が高い		
□ 11　安い		
□ 12　おととい		
□ 13　昨日		
□ 14　あさって		
□ 15　毎日		
□ 16　おととし		
□ 17　昨年		
□ 18　今年		
□ 19　来年		
□ 20　さ来年		
□ 21　毎年		
□ 22　月曜日		
□ 23　火曜日		
□ 24　水曜日		
□ 25　木曜日		
□ 26　金曜日		
□ 27　日曜日		
□ 28　何曜日		
□ 29　いくつ		
□ 30　大学		
□ 31　もの		

練習問題

A69 **1** 音声を聞いて、ピンインと漢字を書き、日本語に訳しなさい。

(1)

(2)

2 次の文を中国語に訳し、ピンインも書きなさい。

(1) 李健さんはお寿司を食べない。あなたは？

(2) 来年、彼らは中国に行きますか。(確認)

3 次のピンインを読んで、漢字に直し、日本語に訳しなさい。

(1) Jīntiān xīngqīyī, Lǐ lǎoshī lái bu lái xuéxiào?

(2) Wǒ hē kāfēi, tā hē hóngchá, nǐ ne?

文化コーナー

中華料理と言えば

「中華料理は辛い！脂っこい！塩辛い！」などの指摘がありますが、実は中華料理も地域によってそれぞれの特色があり、「北京料理」「上海料理」「四川料理」「広東料理」などがあります。「北京料理」は宮廷料理を含み、濃厚な味で、代表料理は北京ダック。「上海料理」はあっさりした甘い味で、代表料理は上海蟹。「四川料理」は辛さが特色で、代表料理は麻婆豆腐。広東料理は食材が豊富で薄味。代表料理は飲茶のシュウマイなどの点心。他にも塩辛い「山東料理」、四川料理に匹敵する辛さの「湖南料理」、広東料理に近い「台湾料理」などがあります。

補充教材 2　数字 shùzì （数字）

A70 **1**

一	二	三	四	五	六	七	八	九	十	零
yī	èr	sān	sì	wǔ	liù	qī	bā	jiǔ	shí	líng

十一	十二	十三	十四	……	十九	二十
shíyī	shí'èr	shísān	shísì		shíjiǔ	èrshí

二十一	二十二	……	三十	四十	……	九十	一百
èrshiyī	èrshi'èr		sānshí	sìshí		jiǔshí	yìbǎi

一百零一	一百零二	……	一百一十	一百一十一	一百二十
yìbǎi líng yī	yìbǎi líng èr		yìbǎi yìshí	yìbǎi yìshiyī	yìbǎi èrshí

一百	二百（两百）	三百	四百	五百	……	九百
yìbǎi	èrbǎi (liǎngbǎi)	sānbǎi	sìbǎi	wǔbǎi		jiǔbǎi

一千	两千（二千）	一万	两万（二万）	两亿（二亿）
yìqiān	liǎngqiān (èrqiān)	yíwàn	liǎngwàn (èrwàn)	liǎngyì (èryì)

A71 **2**

顺序：

第一	第二	第三
dì-yī	dì-èr	dì-sān

A72 **3**

电话号码：　090 - 1234 - 5678

diànhuà hàomǎ:　língjiǔlíng - yāo'èrsānsì - wǔliùqībā

※ 電話番号や部屋番号を言う時"1"は"yī"ではなく、"yāo"と言う。

第 5 课
Dì wǔ kè

你 喜欢 吃 日本菜 吗?
Nǐ xǐhuan chī Rìběncài ma?

会話

A73

高山: 李 开, 你 喜欢 吃 日本菜 吗?
Gāoshān: Lǐ Kāi, nǐ xǐhuan chī Rìběncài ma?

A74

李 开: 喜欢, 我 很 喜欢 吃 寿司。
Lǐ Kāi: Xǐhuan, wǒ hěn xǐhuan chī shòusī.

高山: 那, 我们 今天 晚上 去 吃 寿司 吧。
Gāoshān: Nà, wǒmen jīntiān wǎnshang qù chī shòusī ba.

李 开: 好, 去 哪儿 吃?
Lǐ Kāi: Hǎo, qù nǎr chī?

A75

語彙を増やしましょう

1. 爱 ài　好きである、愛する
2. 做 zuò　する、作る
3. 旅游 lǚyóu　旅行する
4. 工作 gōngzuò　仕事、働く
5. 休息 xiūxi　休み、休む
6. 睡觉 shuìjiào　寝る

ポイント

A76 1 “喜欢 xǐhuan”と“爱 ài”：「好きである」

後に動詞をとる場合、どちらも意味は同じ。前に“很 hěn”を置ける。“我喜欢（/ 爱）吃寿司”。後に名詞をとる場合、両者には程度に差がある。“我喜欢你。Wǒ xǐhuan nǐ.”（あなたのことが好きだ)、“我爱你。Wǒ ài nǐ.”（あなたを愛している)。人間以外の物には“爱”が使えない。

① A: 你　喜欢（/ 爱）听　音乐　吗?
Nǐ　xǐhuan　(/ài)　tīng　yīnyuè　ma?

B: 喜欢（/ 爱)。
Xǐhuan　(/Ài).

② A: 你们　喜欢　什么　动物?
Nǐmen　xǐhuan　shénme　dòngwù?

B: 我　喜欢　狗，她　喜欢　熊猫。
Wǒ　xǐhuan　gǒu,　tā　xǐhuan　xióngmāo.

A77 2 “来 lái / 去 qù”＋場所：「（場所に）来る / 行く」

“来 / 去”＋動詞（目的語)：「(…しに）来る / 行く」

“来 / 去”＋場所＋動詞（目的語)：「（場所に）…しに来る / 行く」

① A：他　去　哪儿?
Tā　qù　nǎr?

B：他　去　东京 / 北京。
Tā　qù　Dōngjīng /Běijīng.

② A：他　来　做　什么?
Tā　lái　zuò　shénme?

B：他　来　旅游。
Tā　lái　lǚyóu.

③ A：他　来　日本　做　什么?
Tā　lái　Rìběn　zuò　shénme?

B：他　来　日本　留学。
Tā　lái　Rìběn　liúxué.

A78 3 “…吧 ba”：「…しましょう」「…してください」「…でしょう ?」

① A: 明天　我们　去　看　电影　吧。
Míngtiān wǒmen　qù　kàn　diànyǐng　ba.

B: 好，一起　去　吧。
Hǎo,　yìqǐ　qù　ba.

② A: 请　休息　吧，这个　工作　我　做。
Qǐng　xiūxi　ba,　zhèige　gōngzuò　wǒ　zuò.

B: 好，谢谢　你。
Hǎo,　xièxie　nǐ.

③ A: 这些　都　是　上海菜　吧?
Zhèixiē　dōu　shì　Shànghǎicài　ba?

B: 不　是，这些　都　不　是　上海菜。
Bú　shì,　zhèixiē　dōu　bú　shì　Shànghǎicài.

A79 発音の復習　u と ü

“u” は「ウ」より口をもっと前に突き出して丸くする。“ü” は㋑である。両方とも口を丸くして発音する。ピンインのつづりに注意。“j、q、x、y” の後の “u” は “ü”（㋑）で、他の子音の後の “u” は「ウ」である。“n”“l” の後には “ü” と “u” の両方あるので、はっきり区別する。（発音 4 を参照）

wū	wú	wǔ	wù	—	yū	yú	yǔ	yù
zhū	zhú	zhǔ	zhù	—	jū	jú	jǔ	jù
chū	chú	chǔ	chù	—	qū	qú	qǔ	qù
shū	shú	shǔ	shù	—	xū	xú	xǔ	xù

A80 単語の復習

	中国語	ピンイン
□ 1　好きである		
□ 2　それでは		
□ 3　夜		
□ 4　…してください、…しましょう、…でしょう		
□ 5　好きである、愛する		
□ 6　する、作る		
□ 7　旅行する		
□ 8　留学する		
□ 9　仕事、働く		
□ 10　休み、休む		
□ 11　寝る		
□ 12　音楽		
□ 13　動物		
□ 14　犬		
□ 15　パンダ		

□16　東京			
□17　北京			
□18　映画			
□19　一緒に			
□20　…てください			
□21　上海			

練習問題

A81 **1** 音声を聞いて、ピンインと漢字を書き、日本語に訳しなさい。

(1)

(2)

2 次の文を中国語に訳し、ピンインも書きなさい。

(1) これらのパンはみんなおいしいでしょう？全部田中さんが作りました。

(2) 来年一緒に中国に留学に行きましょう。

3 次のピンインを読んで、漢字に直し、日本語に訳しなさい。

(1) Zhōngshān hěn xǐhuan zuò cài, nǐ ne?

(2) Wǒ xīngqīliù hěn máng, wǒ bú qù.

文化コーナー

中国の飲み物

中国の代表的な飲み物は日本と同じく「お茶」です。お茶の原産地は中国西南部の雲南省と言われます。中国のお茶は主に緑茶、紅茶、黒茶、白茶、黄茶、青茶があり、例えば、緑茶だけでも地方によって100種類以上にもなります。代表的なのは「龍井茶」（龍井は杭州の地名）。「青茶」に属する「ウーロン茶」もいろいろな種類があります。「ウーロン茶」の簡体字は“乌龙茶”で、“乌龙”は「カラスのように黒い龍」の意味ですが、なぜ「黒い龍のお茶」と呼ばれるのか、調べてみてはいかがでしょうか。

6種類のお茶以外に「加工茶」に属する「花茶」（ジャスミン茶など）や「薬茶」（ダイエット茶など）もあります。

第6课 你家有几口人?
Dì liù kè　Nǐ jiā yǒu jǐ kǒu rén?

会話

A82 A83

王康：上田，你家有几口人？
Wáng Kāng: Shàngtián, nǐ jiā yǒu jǐ kǒu rén?

上田：六口人，我爸爸妈妈、两个哥哥、一个弟弟和我。你呢？
Shàngtián: Liù kǒu rén, wǒ bàba māma、liǎng ge gēge、yí ge dìdi hé wǒ. Nǐ ne?

王康：我家也有六口人，我爷爷、奶奶、爸爸、妈妈、姐姐和我。
Wáng Kāng: Wǒ jiā yě yǒu liù kǒu rén, wǒ yéye、nǎinai、bàba、māma、jiějie hé wǒ.

上田：你没有弟弟妹妹啊？
Shàngtián: Nǐ méiyǒu dìdi mèimei a?

語彙を増やしましょう

A84

1. 姥爷 lǎoye　母方の祖父
2. 姥姥 lǎolao　母方の祖母
3. 朋友 péngyou　友達
4. 同学 tóngxué　同じ学校の友達、同級生
5. 男 nán　男（単独で使えない）
6. 女 nǚ　女（単独で使えない）

ポイント

A85

1 “有 yǒu”：「いる、ある、持っている」。否定は “没有 méiyǒu”「いない、ない、持っていない」。

「“有” + 数量がない目的語」は比較のニュアンスがある。“我有姐姐。” は誰かと比較する、または妹がいないことと比較する。疑問文と返答は比較のニュアンスがない。

① A: 王 康 有 女朋友 吗?　　B: 有。/ 没有。
Wáng Kāng yǒu nǚpéngyou ma?　　Yǒu. / Méiyǒu.

② A: 这里 有 Wi-Fi 吗?　　B: 有。/ 没有。
Zhèli yǒu ma?　　Yǒu. / Méiyǒu.

A86

2 “量词 liàngcí”

日本語の「助数詞」と同じ。2つの場合は “二 èr” ではなく、“两 liǎng” を使う。

个 ge（…人、…個） 人と物	一个人 yí ge rén 两个书包 liǎng ge shūbāo	这个人 zhèige rén 那两个书包 nà liǎng ge shūbāo
口 kǒu 家族全員の数	五口人 wǔ kǒu rén	我家有五口人 wǒ jiā yǒu wǔ kǒu rén
本 běn（…冊） 書籍とノート	一本书 yì běn shū 两本词典 liǎng běn cídiǎn	这本书 zhèi běn shū 那两本词典 nà liǎng běn cídiǎn
件 jiàn（…枚、…件） 服と事	一件衣服 yí jiàn yīfu 两件事 liǎng jiàn shì	这件衣服 zhèi jiàn yīfu 那两件事 nà liǎng jiàn shì
张 zhāng（…つ、…枚） 机、紙など	一张桌子 yì zhāng zhuōzi 两张纸 liǎng zhāng zhǐ	这张桌子 zhèi zhāng zhuōzi 那两张纸 nà liǎng zhāng zhǐ
支 zhī（…本） 筆記用具など	一支铅笔 yì zhī qiānbǐ 两支圆珠笔 liǎng zhī yuánzhūbǐ	这支铅笔 zhèi zhī qiānbǐ 那两支圆珠笔 nà liǎng zhī yuánzhūbǐ
杯 bēi（…杯）	一杯水 yì bēi shuǐ 两杯咖啡 liǎng bēi kāfēi	这杯水 zhèi bēi shuǐ 那两杯咖啡 nà liǎng bēi kāfēi

注意「この / その / あの / どの + 名詞」は中国語に訳す時、それぞれ相応しい量詞を使う。「この学生」は “这个学生”、「その服」は “那件衣服”。

A87 **3** “几 jǐ”：10 以下の数量の疑問詞「いくつ？」。10 以上は “多少 duōshao”。

① A: 你　有　几　个　哥哥?
Nǐ　yǒu　jǐ　ge　gēge?

B: 两　个。
Liǎng　ge.

② A: 你　有　几　支　圆珠笔?
Nǐ　yǒu　jǐ　zhī　yuánzhūbǐ?

B: 四　支。
Sì　zhī.

③ A: 他们　班　有　多少　个　男　同学?
Tāmen　bān　yǒu　duōshao　ge　nán　tóngxué?

B: 二十五　个。
Èrshiwǔ　ge.

A88 発音の復習　ian と üan

“ian” と “üan” は「イアン」「㋑アン」ではなく「イエン」と「㋑エン」である。

iān(yān)	ián(yán)	iǎn(yǎn)	iàn(yàn)
jiān	jián	jiǎn	jiàn
qiān	qián	qiǎn	qiàn
xiān	xián	xiǎn	xiàn

üān(yuān)	üán(yuán)	üǎn(yuǎn)	üàn(yuàn)
juān	juán	juǎn	juàn
quān	quán	quǎn	quàn
xuān	xuán	xuǎn	xuàn

A89

単語の復習

		中国語	ピンイン
□ 1	ある、いる、持っている		
□ 2	口(くち)、家族全員の量詞		
□ 3	２つ、２個の「２」		
□ 4	人·物の量詞、…人、…個		
□ 5	…と		
□ 6	父方の祖父		
□ 7	父方の祖母		
□ 8	ない、いない、持っていない		
□ 9	(驚嘆の語気を表す）…よ、…の？		
□ 10	母方の祖父		
□ 11	母方の祖母		
□ 12	友達		
□ 13	同じ学校の友達、同級生		
□ 14	男		
□ 15	女		
□ 16	ガールフレンド		
□ 17	学生カバン		
□ 18	書籍とノートの量詞、…冊		
□ 19	辞書		
□ 20	服と事の量詞、…枚、…件		
□ 21	服		
□ 22	事、用事		
□ 23	机·紙などの量詞、…つ、…枚		
□ 24	机		
□ 25	紙		
□ 26	筆記用具などの量詞、…本		
□ 27	鉛筆		
□ 28	ボールペン		
□ 29	コップ、…杯		
□ 30	クラス		
□ 31	どのぐらい		

練習問題

A90 **1** 音声を聞いて、ピンインと漢字を書き、日本語に訳しなさい。

(1)

(2)

2 次の文を中国語に訳し、ピンインも書きなさい。

(1) 今日、用事が2つある。

(2) ここは Wi-Fi がない。あそこはある。

3 次のピンインを読んで、漢字に直し、日本語に訳しなさい。

(1) Zhèi bēi chá shì nǎinai de, nǐ de shì nèi bēi.

(2) Nǐmen bān yǒu jǐ ge nǚ tóngxué?

文化コーナー

中国の人気スポーツは何？

中国のスポーツと言えば、卓球ですね。学校やスポーツ施設以外に、狭い“胡同 hútòng”（横町）にも、家の地下室にも卓球台があります。また、各地のスポーツセンターなども児童から成人まで参加できる卓球教室を設けています。

卓球の次に競技人口が多いのは、バドミントンとバスケットボールです。最近はサッカーも人気があり、テレビのスポーツチャンネルはほぼ毎日、欧米のサッカーやアメリカの NBA の試合を放送しています。

若い人は卓球、バドミントン、バスケットボール、サッカー、中高年の人は、昔は太極拳をよくしましたが、最近は“广场舞 guǎngchǎngwǔ”（広場ダンス）をする人が多いようです。

第7课 7月7日还是9日？

Dì qī kè　Qī yuè qī hào háishi jiǔ hào?

会話

B02

王　英：中田，你的生日7月7日还是9日？

Wáng Yīng: Zhōngtián, nǐ de shēngrì qī yuè qī hào háishi jiǔ hào?

B03

中田：7日。下个星期五。

Zhōngtián: Qī hào. Xià ge xīngqīwǔ.

王　英：真的？我哥哥的生日也是7月7日。

Wáng Yīng: Zhēn de? Wǒ gēge de shēngrì yě shì qī yuè qī hào.

中田：真的吗？

Zhōngtián: Zhēn de ma?

B04

語彙を増やしましょう

上个 (先…)
shàng ge

这个 (今…)
Zhèige

下个 (来…)
xià ge

每个 (毎…)
měi ge

星期（週）／周（週）
xīngqī　zhōu

星期～（…週の～曜日）／周～（…週の～曜日）
xīngqī~　zhōu~

月（月）
yuè

※“周”“周～”の時は“个”がいらない。

ポイント

B05 1 年、月、日

年号は数字を1つずつ読む。「…日」は“日”と書くが、発音は“rì”ではなく“hào”と読むのが普通。“号”と書くこともある。「何年」は“哪年”“几年”“多少年”とも言う。「何月何日」は“几月几日（号）”。年月日の前に“是”をつけてもいい。否定は必ず“不是”をつける。

① A: 今年　多少　年?
Jīnnián duōshao nián?

B: 2024　年。
Èrlíng'èrsì nián.

② A: 今天（是）几　月　几　日?
Jīntiān (shì) jǐ yuè jǐ hào?

B: 11　月　20　日。
Shíyī yuè èrshí hào.

B06 2 A“还是 háishi”B？：「A それとも B？」

名詞、形容詞、動詞の選択疑問文。A も B も名詞の場合は A の前に“是”がいる。

① A: 今天　是　周五　还是　周六?
Jīntiān shì zhōuwǔ háishi zhōuliù?

B: 周六。
Zhōuliù.

② A: 你　吃　饺子　还是　吃　面条?
Nǐ chī jiǎozi háishi chī miàntiáo?

B: 我　吃　饺子。
Wǒ chī jiǎozi.

③ A: 熊猫　可爱　还是　猫　可爱?
Xióngmāo kě'ài háishi māo kě'ài?

B: 两　个　都　可爱。
Liǎng ge dōu kě'ài.

B07 3 “真的 zhēn de”“真 zhēn”：「本当だ（形容詞）、本当に（副詞）」

① A: 这　是　真　的　吗?
Zhè shì zhēn de ma?

B: 真　的。
Zhēn de.

② A: 真　的?　你　的　生日　是　10　月　4　日　吗?
Zhēn de? Nǐ de shēngrì shì shí yuè sì hào ma?

B: 不　是，不　是　10　月　4　日。
Bú shì, bú shì shí yuè sì hào.

③ A: 这个　牛奶　怎么样?
Zhèige niúnǎi zěnmeyàng?

B: 真　好喝。
Zhēn hǎohē.

B08 発音の復習

有気音と無気音

有気音と無気音は日本語の清音と濁音と違って、両方とも清音だが、発音する時に息を強く出すのが「有気音」、優しく抑えるのが「無気音」。

無気音 b、d、g、j、zh、z

有気音 p、t、k、q、ch、c

b —— p: 很棒 hěn bàng（とても良い） —— 很胖 hěn pàng（とても太っている）
d —— t: 大的 dà de（大きいの） —— 他的 tā de（彼の）
g —— k: 个人 gèrén（個人） —— 客人 kèrén（お客さん）
j —— q: 基本 jīběn（基本） —— 七本 qī běn（７冊）
zh —— ch: 会长 huìzhǎng（会長） —— 会场 huìchǎng（会場）
z —— c: 不做 bú zuò（しない） —— 不错 búcuò（素晴らしい）

B09 単語の復習

	中国語	ピンイン
□ 1　…月		
□ 2　…日		
□ 3　それとも		
□ 4　誕生日		
□ 5　来…		
□ 6　本当だ、本当に		
□ 7　先…		
□ 8　今…		
□ 9　毎…		
□ 10　週		
□ 11　…年		
□ 12　可愛い		
□ 13　猫		
□ 14　牛乳		

練習問題

B10 ***1*** 音声を聞いて、ピンインと漢字を書き、日本語に訳しなさい。

(1)

(2)

2 次の文を中国語に訳し、ピンインも書きなさい。

(1) 中山さんは北京に行きますか、それとも上海に行きますか。

(2) 王明さんの誕生日は9月10日ですか、それとも10月9日ですか。

3 次のピンインを読んで、漢字に直し、日本語に訳しなさい。

(1) Zhōngtián xuéxí Hànyǔ háishi Yīngyǔ?

(2) Nèige lǎoshī zhēn hǎo, wǒmen zhēn xǐhuan tā.

文化コーナー

中国の教育制度は？

中国の教育制度は基本的に日本と同じく、小学6年、中学（“初中 chūzhōng：初级中学 chūjí zhōngxué”）3年、高校（“高中 gāozhōng：高级中学 gāojí zhōngxué”）3年、大学4年。また、義務教育も同じく9年で、学費と教材も無料ですが、次のような違いがあります。①ほとんどの学校は国立。②新学期は9月始まりで、翌年の8月まで。③小学から大学まで、成績優秀者が学ぶ重点学校があります。④「中一（中学一年）」は“初一”、「中二」は“初二”、「中三」は“初三”と言います。高校も同じく“高一”“高二”“高三”。⑤高校から義務教育ではなく、「普通高校」（3年。卒業後は大学に進学）と「職業高校」(2〜4年。専門技術を学び、卒業後は就職）に分かれます。⑤大学に入るには、全ての高校生は“高考 gāokǎo”（全国的な統一試験）を受けなければなりません。

第 8 课 你 今年 多 大?

Dì bā kè Nǐ jīnnián duō dà?

会話

B11

下田: 李 明, 你 今年 多 大?
Xiàtián: Lǐ Míng, nǐ jīnnián duō dà?

B12

李 明: 我 跟 你 一样, 十九 岁。
Lǐ Míng: Wǒ gēn nǐ yíyàng, shíjiǔ suì.

下田: 真 的 吗?
Xiàtián: Zhēn de ma?

李 明: 没有, 没有, 开 玩笑 的, 我 比 你 大 两 岁, 二十一 岁。
Lǐ Míng: Méiyǒu, méiyǒu, kāi wánxiào de, wǒ bǐ nǐ dà liǎng suì, èrshiyī suì.

B13

語彙を増やしましょう

1. 冷 lěng 寒い、冷たい
2. 热 rè 暑い、熱い
3. 凉快 liángkuai 涼しい
4. 暖和 nuǎnhuo 暖かい
5. 漂亮 piàoliang きれいである
6. 方便 fāngbiàn 便利である

ポイント

B14 **1** 年齢の尋ね方

① 子供には“几岁 jǐ suì?”。

A: 他　弟弟　今年　几　岁?
Tā　dìdi　jīnnián　jǐ　suì?

B: 五　岁。
Wǔ　suì.

② 若者や同年配、目下の人には“多大 duō dà?”。

A: 中山，你　今年　多　大?
Zhōngshān,　nǐ　jīnnián　duō　dà?

B: 十八（岁），你　呢?
Shíbā　(suì),　nǐ　ne?

③ 年配者や目上の人には“多大年纪 duō dà niánjì?”。

A: 你　爷爷　今年　多　大　年纪?
Nǐ　yéye　jīnnián　duō　dà　niánjì?

B: 他　今年　八十五　岁。
Tā　jīnnián　bāshiwǔ　suì.

B15 **2** A“跟 gēn”B“一样 yíyàng”:「A は B と同じだ」

“一样”の後に数、形容詞、動詞、「“是”＋名詞」をつけることができる。

① A: 现在　跟　以前　一样　吗?
Xiànzài　gēn　yǐqián　yíyàng　ma?

B: 一样。/ 不　一样。
Yíyàng.　/　Bù　yíyàng.

② A: 北京　跟　上海　一样　热　吗?
Běijīng　gēn　Shànghǎi　yíyàng　rè　ma?

B: 一样。/ 不　一样。
Yíyàng.　/　Bù　yíyàng.

③ A: 他　跟　你　一样　也　是　大学生　吗?
Tā　gēn　nǐ　yíyàng　yě　shì　dàxuéshēng　ma?

B: 一样。
Yíyàng.

④ A: 她　跟　你　一样　也　学习　汉语　吗?
Tā　gēn　nǐ　yíyàng　yě　xuéxí　Hànyǔ　ma?

B: 不　一样，她　学习　韩语。
Bù　yíyàng,　tā　xuéxí　Hányǔ.

B16

3 A“比”B＋形容詞：「AはBより…だ」

否定は“没（有）”をBの前に置き、“比”をとる。A“没（有）”B＋形容詞「AはBほど…ではない」。比較文の形容詞の前に“很”を使えない。

① A: 你　比　他　大　吗?
Nǐ　bǐ　tā　dà　ma?
B: 不，　我　比　他　小。
Bù,　wǒ　bǐ　tā　xiǎo.

② A: 你　比　他　小　几　岁?
Nǐ　bǐ　tā　xiǎo　jǐ　suì?
B: 我　比　他　小　两　岁。
Wǒ　bǐ　tā　xiǎo　liǎng　suì.

③ A: 电脑　比　手机　方便　吗?
Diànnǎo　bǐ　shǒujī　fāngbiàn　ma?
B: 不，　电脑　没(有)　手机　方便。
Bù,　diànnǎo　méi(yǒu)　shǒujī　fāngbiàn.

B17

発音の復習　“c”は「ッ」の有気音である

“c”は有気の舌歯音で、舌は上下の歯の後ろにつけて、強く息を出す。英語（car, center など）の影響で、“k”や“s”と発音しがちなので注意。

cī	cí	cǐ	cì
cū	cú	cǔ	cù
cāi	cái	cǎi	cài
cān	cán	cǎn	càn
cōng	cóng	cǒng	còng

B18

単語の復習

		中国語	ピンイン
□ 1	何歳（同年配か目下の人に）		
□ 2	…と		
□ 3	同じである		
□ 4	歳		
□ 5	何歳（年配者に）		
□ 6	冗談を言う		
□ 7	…より		
□ 8	大きい、年上の		
□ 9	寒い、冷たい		
□ 10	暑い、熱い		
□ 11	涼しい		
□ 12	暖かい		
□ 13	きれいである		
□ 14	便利である		
□ 15	現在、いま		
□ 16	以前		
□ 17	韓国語		
□ 18	小さい、年下の、…ちゃん		

練習問題

B19 **1** 音声を聞いて、ピンインと漢字を書き、日本語に訳しなさい。

(1)

(2)

2 次の文を中国語に訳し、ピンインも書きなさい。

(1) 今週は先週ほど寒くない。

(2) 彼らの大学は私たちの大学より大きいですか。

3 次のピンインを読んで、漢字に直し、日本語に訳しなさい。

(1) Wǒ bàba gēn wǒ māma yíyàng, jīnnián wǔshi'èr suì.

(2) Nàr bǐ zhèr liángkuai, wǒmen qù nàr xiūxi.

文化コーナー

中国の大学は全寮制ですか？

中国の大学はほとんど国立大学で、全寮制です。最近は一部の大学で、大学の近くに住む学生は自宅から通うことができ、“走读生 zǒudúshēng”と言います。

キャンパス内には学生寮だけではなく、生活に必要なスーパー、コンビニ、郵便局、病院、個人レストランなどもあります。

北方の大学の寮は冷暖房がありますが、南方は冷房だけで暖房がありません。一部屋の定員は４人～８人で、２段ベッドか３段ベッドがあります。部屋には、個人の学習机がなく、学習はほとんど図書館を利用します。共同トイレはありますが、共同浴室（シャワーのみ）は別棟が普通。また飲料用のお湯を無料提供する給湯室があり、各自でポットを用意して、自分で取りに行きます。

補充教材 3　生活　惯用语—1 (生活決まり文句—1)

shēnghuó guànyòngyǔ

B20

1 怎么 办？　(どうしよう)

Zěnme bàn?

2 没 事儿 / 没 什么 / 没 关系。　(いいえ、大丈夫です)

Méi shìr / Méi shénme / Méi guānxi.

3 没 办法。　(仕方がない)

Méi bànfǎ.

4 没 问题。　(大丈夫です / 問題がない)

Méi wèntí.

5 了不起！　(すごい！)

Liǎobuqǐ!

6 很 厉害。　(ひどい / すごい)

Hěn lìhai.

7 真 可爱！　(本当に可愛い！)

Zhēn kě’ài!

8 辛苦 了。　(お疲れ様 / ご苦労様)

Xīnkǔ le.

9 超 酷！　(すごくカッコいい！)

Chāo kù!

10 差不多。　(まあまあ / 差がない)

Chàbuduō.

第9课 现在几点了?

Dì jiǔ kè　Xiànzài jǐ diǎn le?

会話

B21
和田：　李红，现在几点了?
Hétián:　Lǐ Hóng, xiànzài jǐ diǎn le?

B22
李红：　九点了。
Lǐ Hóng:　Jiǔ diǎn le.

和田：　王健他们都来了吗?
Hétián:　Wáng Jiàn tāmen dōu lái le ma?

李红：　王健来了，山田还没来。
Lǐ Hóng:　Wáng Jiàn lái le, Shāntián hái méi lái.

B23
語彙を増やしましょう

1. 上午	shàngwǔ	午前	4. 上课	shàngkè	授業に出る、授業が始まる
2. 下午	xiàwǔ	午後	5. 下课	xiàkè	授業が終わる
3. 中午	zhōngwǔ	昼	6. 上网	shàngwǎng	インターネットをする

ポイント

B24

1 時間の言い方

一点	两点	三点 …	九点	十点	十一点	十二点
yī diǎn	liǎng diǎn	sān diǎn	jiǔ diǎn	shí diǎn	shíyī diǎn	shí'èr diǎn

2：05　两点零五分 liǎng diǎn líng wǔ fēn

2：10　两点十分 liǎng diǎn shí fēn

2：15　两点十五分 liǎng diǎn shíwǔ fēn / 两点一刻 liǎng diǎn yí kè

2：30　两点三十分 liǎng diǎn sānshí fēn / 两点半 liǎng diǎn bàn

2：45　两点四十五分 liǎng diǎn sìshiwǔ fēn

① A: 你　每天　早上　几　点　起来?
Nǐ　měitiān zǎoshang jǐ　diǎn　qǐlai?

B: 七　点。/ 不　一定。
Qī　diǎn. / Bù　yídìng.

② A: 你　每天　晚上　几　点　睡觉?
Nǐ　měitiān wǎnshang jǐ　diǎn　shuìjiào?

B: 十二　点。/ 不　一定。
Shí'èr　diǎn. / Bù　yídìng.

注意 時間詞はいつも動詞の前に置く。

B25

2 文末の"了 le"：「…になった」「…した」

形容詞、名詞、動詞の後に置き、過去も未来の変化も表わせる。名詞は数（時間、年齢など）と身分だけで、身分の前には"是"をつけることが多い。

① A: 北京　冷　了　吗?
Běijīng　lěng　le　ma?

B: 冷　了。
Lěng　le.

② A: 小　红，你　几　岁　了?
Xiǎo Hóng, nǐ　jǐ　suì　le?

B: 我　六　岁　了。
Wǒ　liù　suì　le.

③ A: 他　是　大学生　了　吗?
Tā　shì　dàxuéshēng　le　ma?

B: 不　是，他　还　不　是　大学生。
Bú　shì,　tā　hái　bú　shì　dàxuéshēng.

④ A: 他　走　了　吗?
Tā　zǒu　le　ma?

B: 走　了。
Zǒu　le.

B26

3 動詞（＋目的語）＋“了 le”＋“吗 ma”？：「…しましたか」

動作が行われたことを確認する。否定は“没”＋動詞「…しなかった」、“还没”＋動詞「まだ…していない」で、“了”が要らない（“还”は第 13 課で詳しく説明する）。

① A: 你　洗　手　了　吗?
Nǐ　xǐ　shǒu　le　ma?

B: 洗　了。/ 还　没　洗。
Xǐ　le. / Hái　méi　xǐ.

② A: 昨天　晚上　你　上　网课　了　吗?
Zuótiān　wǎnshang　nǐ　shàng　wǎngkè　le　ma?

B: 上　了。/ 没　上。
Shàng　le. / Méi　shàng.

B27

発音の復習　1声の特訓

一一一，一八一。 Yī　yī　yī, yī　bā　yī.

三三三，三七三。 Sān sān sān, sān　qī　sān.

发音 fāyīn　　公司 gōngsī　　咖啡 kāfēi　　书包 shūbāo

星期一 xīngqīyī　　星期三 xīngqīsān　　高中生 gāozhōngshēng

今天星期一。 Jīntiān　xīngqīyī.

中山喝咖啡。 Zhōngshān　hē　kāfēi.

B28

単語の復習

	中国語	ピンイン
□ 1 …時		
□ 2 …になった、…した		
□ 3 まだ（…していない）、それに		
□ 4 午前		
□ 5 午後		
□ 6 昼		
□ 7 授業に出る、授業が始まる		
□ 8 授業が終わる		
□ 9 インターネットをする		
□ 10 ゼロ		
□ 11 分		
□ 12 15分		
□ 13 半		
□ 14 朝		
□ 15 起きる、起き上がる		
□ 16 決まっていない		
□ 17 行く、歩く、離れる		
□ 18 洗う		
□ 19 手		
□ 20 オンライン授業		

練習問題

B29 **1** 音声を聞いて、ピンインと漢字を書き、日本語に訳しなさい。

(1)

(2)

2 次の文を中国語に訳し、ピンインも書きなさい。

(1) 今年4月、私たちはみんな大学生になりました。

(2) あなたは毎日何時に学校に行きますか。

3 次のピンインを読んで、漢字に直し、日本語に訳しなさい。

(1) Sì diǎn bàn le, tāmen xiàkè le ba.

(2) Qī yuè le, xiànzài hěn rè le.

文化コーナー

大学生のバイト

「バイト」は中国語で“打工 dǎgōng”或いは、“做兼职 zuò jiānzhí”と言います。“打工”は主に工場、食堂、スーパーなどの肉体労働で、“做兼职”は主に頭脳労働のバイトを指します。

中国は農村から都会に来る出稼ぎ労働者が多いので、大学生がするバイトは多くありませんでした。2010年代から物価上昇により、バイトをする大学生も増えています。調査によると、大学生の主なバイトは、①宣伝や販売促進のチラシ配り、広告のデザインなど。特にケータイやパソコンなどの宣伝販売。②家庭教師。③ネットショッピングの販売員など、出稼ぎ労働者ができない技術や知識が必要なバイトをすることが多いようです。

第10课 Dì shí kè

现在 苹果 手机 多少 钱？
Xiànzài Píngguǒ shǒujī duōshao qián?

会話

B30 B31

山本：Shānběn:
李 康，现在 苹果 手机 多少 钱？
Lǐ Kāng, xiànzài Píngguǒ shǒujī duōshao qián?

李 康：Lǐ Kāng:
你 想 买 苹果 的 吗？ 大概 八千 块。
Nǐ xiǎng mǎi Píngguǒ de ma? Dàgài bāqiān kuài.

山本：Shānběn:
安卓 手机 呢？
Ānzhuó shǒujī ne?

李 康：Lǐ Kāng:
便宜 一点儿，大概 五千 块。
Piányi yìdiǎnr, dàgài wǔqiān kuài.

B32

語彙を増やしましょう

1. 早 zǎo　時間が早い
2. 晩 wǎn　時間が遅い
3. 快 kuài　スピードが速い
4. 慢 màn　スピードが遅い、ゆっくりである
5. 多 duō　多い
6. 少 shǎo　少ない

ポイント

B33 1 お金“钱 qián”の言い方と“多少钱 duōshao qián?”：「いくらですか」

中国のお金は“人民币 rénmínbì”という。単位は3つあり、書面語は“元”“角”“分”、口語は“块”“毛”“分”。単位が1つか2つの場合、“钱”をつけることもある。日本円は“日元 Rìyuán”という。

書面語	元 yuán	角 jiǎo	分 fēn
口　語	块(钱) kuài (qián)	毛(钱) máo (qián)	分(钱) fēn (qián)

1元＝10角＝100分

两块（钱）（2.00元）
liǎng kuài (qián)

两块两毛五（2.25元）
liǎng kuài liǎng máo wǔ

两（/二）百二十块（220元）
liǎng(/èr)bǎi èrshí kuài

一百一十块（110元）
yìbǎi yìshí kuài

一千一百一十块（1110元）
yìqiān yìbǎi yìshí kuài

一万两（/二）千块（12000元）
yíwàn liǎng(/èr)qiān kuài

① A: 这个　多少　钱?
Zhèige　duōshao　qián?

B: 十　块（钱）。/ 一百　日元。
Shí　kuài　(qián).　/ Yìbǎi　Rìyuán.

② A: 这　件　衣服　多少　钱?
Zhèi　jiàn　yīfu　duōshao　qián?

B: 两百　块。/ 五千　日元。
Liǎngbǎi　kuài.　/ Wǔqiān　Rìyuán.

B34 2 助動詞の“想 xiǎng”：「…したい」

動詞の前に置く。否定は“不想 bù xiǎng”「…したくない」。

① A: 你　想　喝　什么?
Nǐ　xiǎng　hē　shénme?

B: 我　想　喝　红茶。
Wǒ　xiǎng　hē　hóngchá.

② A: 你　想　买　iPad　吗?
Nǐ　xiǎng　mǎi　　ma?

B: 想，　很　想。/ 不　想。
Xiǎng,　hěn　xiǎng.　/ Bù　xiǎng.

B35

3 形容詞＋“(一) 点儿 (yì)diǎnr”：お願い、申し出、比較する時の「ちょっと…」。“一” は省略可。

① A: 请 你 慢点儿 说， 好 吗？
Qǐng nǐ màndiǎnr shuō, hǎo ma?

B: 好！ 我 慢点儿 说。
Hǎo! Wǒ màndiǎnr shuō.

② A: 明天 我 晚点儿 来， 行 吗？
Míngtiān wǒ wǎndiǎnr lái, xíng ma?

B: 行， 没 问题。
Xíng, méi wèntí.

③ A: 这 件 便宜 (一)点儿， 那 件 贵 (一)点儿。
Zhèi jiàn piányi (yì)diǎnr, nèi jiàn guì (yì)diǎnr.

B: 好， 我 买 这 件。
Hǎo, wǒ mǎi zhèi jiàn.

B36

発音の復習　　2声の特訓

来来来，来留学。Lái lái lái, lái liúxué.

茶茶茶，没红茶。Chá chá chá, méi hóngchá.

明年 míngnián　前年 qiánnián　学习 xuéxí　红茶 hóngchá

男同学 nán tóngxué　韩国人 Hánguórén　学习忙 xuéxí máng

王明没来留学。Wáng Míng méi lái liúxué.

和田学习文学。Hétián xuéxí wénxué.

B37

単語の復習

	中国語	ピンイン
□ 1　リンゴ		
□ 2　iPhone		
□ 3　お金		
□ 4　いくら（お金）		
□ 5　…したい		
□ 6　およそ、大体		
□ 7　「元」の書面語と口語		
□ 8　アンドロイド（Android）		
□ 9　少し、ちょっと		
□ 10　時間が早い		
□ 11　時間が遅い		
□ 12　スピードが速い		
□ 13　スピードが遅い、ゆっくりである		
□ 14　多い		
□ 15　少ない		
□ 16　「角」の書面語と口語		
□ 17　「分」の書面語と口語、点数		
□ 18　（日本）円		
□ 19　いい、いける		
□ 20　大丈夫		

練習問題

B38 **1** 音声を聞いて、ピンインと漢字を書き、日本語に訳しなさい。

(1)

(2)

2 次の文を中国語に訳し、ピンインも書きなさい。

(1) この iPhone を少し安くしてくれませんか。

(2) 来年私は中国に留学に行きたいと思います。

3 次のピンインを読んで、漢字に直し、日本語に訳しなさい。

(1) Zhèi běn shū duōshao qián?

(2) Nǐ kuàidiǎnr lái, Lǐ lǎoshī lái le.

文化コーナー

中国大陸の中国語と台湾の中国語は同じ？

日本で習う中国語（“普通話 pǔtōnghuà”）は台湾でも通じますが、「ちょっと違う？」と感じる人も多いかもしれません。どのような違いがあるのでしょうか。

まず、文字は同じ漢字ですが、大陸では“簡体字 jiǎntǐzì”（簡略した字）を使い、台湾では“繁体字 fántǐzì”（昔のままの難しい字）を使います。例えば「芸術」の「芸」という字は大陸では“艺”、台湾では“藝”、発音は同じ“yì”です。また、音を表す記号は大陸ではローマ字を用いた“拼音 pīnyīn”を使い、台湾は 1918 年に公布した“注音符号 zhùyīn fúhào”を使います。例えば、大陸では“a”、台湾では「Ｙ」、声調記号は同じです。

台湾の発音は中国南方の福建省と似ており、そり舌音がなく、鼻母音の“n”と“ng”の区別がありません。また、軽声とアル化もありません。

第11课 Dì shíyī kè

你 现在 在 哪儿?
Nǐ xiànzài zài nǎr?

会話

B39 B40

李东: 喂! 铃木, 我 是 李 东, 你 现在 在 哪儿?
Lǐ Dōng: Wéi! Língmù, wǒ shì Lǐ Dōng, nǐ xiànzài zài nǎr?

铃木: 在 超市。什么 事?
Língmù: Zài chāoshì. Shénme shì?

李东: 你 在 超市 做 什么? 在 打工 吗?
Lǐ Dōng: Nǐ zài chāoshì zuò shénme? Zài dǎgōng ma?

铃木: 不 是, 我 在 买 东西。
Língmù: Bú shì, wǒ zài mǎi dōngxi.

B41

語彙を増やしましょう

1. 餐馆 cānguǎn　レストラン
2. 食堂 shítáng　食堂
3. 宾馆 bīnguǎn　ホテル
4. 商店 shāngdiàn　店、商店
5. 便利店 biànlìdiàn　コンビニ
6. 图书馆 túshūguǎn　図書館

ポイント

B42
1 動詞の“在 zài”：「いる、ある」

過去の否定は“没在 méi zài”、未来の否定は“不在 bú zài”、現在の否定は“没在”も“不在”も使える。

① A: 昨天 下午 你 在 家 吗?
Zuótiān xiàwǔ nǐ zài jiā ma?
B: 在。/ 没 在。
Zài. / Méi zài.

② A: 明天 上午 他 在 公司 吗?
Míngtiān shàngwǔ tā zài gōngsī ma?
B: 在。/ 不 在。
Zài. / Bú zài.

③ A: 现在 李 东 不 在（/ 没 在）食堂 吗?
Xiànzài Lǐ Dōng bú zài (/ méi zài) shítáng ma?
B: 在。/ 不 在（/ 没 在）。
Zài. / Bú zài (/ Méi zài).

④ A: 你 的 车 在 哪儿?
Nǐ de chē zài nǎr?
B: 在 那儿。
Zài nàr.

B43
2 副詞の“在 zài”：「…している」

動詞の前に置き、否定は“没在”。

① A: 你们 在 做 什么?
Nǐmen zài zuò shénme?
B: 我 在 做 作业，他 在 看 电视。
Wǒ zài zuò zuòyè, tā zài kàn diànshì.

② A: 他 在 吃饭 吗?
Tā zài chīfàn ma?
B: 没有，他 没 在 吃饭，他 在 上网。
Méiyǒu, tā méi zài chīfàn, tā zài shàngwǎng.

B44
3 前置詞の“在 zài”：「場所で（／に）…している／する」

動作の場所を示す。「“在”＋場所＋動詞」。

① A: 你 在 哪儿 打工?
Nǐ zài nǎr dǎgōng?
B: 我 在 便利店 打工。
Wǒ zài biànlìdiàn dǎgōng.

② A: 他 在 那儿 做 什么?
Tā zài nàr zuò shénme?
B: 他 在 那儿 玩儿 手机 游戏。
Tā zài nàr wánr shǒujī yóuxì.

B45 発音の復習　3声の特訓

● 3声が2つ続く時

⇒ 2声・3声。（你好 nǐ hǎo ⇒ ní hǎo）（我买 wǒ mǎi ⇒ wó mǎi）

● 3声が3つ続く時

⇒ ①後ろの2つが1つの単語なら、3声・2声・3声

（买水果 mǎi shuǐguǒ ⇒ mǎi shuíguǒ）

②前の2つが1つの単語なら、2声・2声・3声

（小李好 Xiǎo Lǐ hǎo ⇒ Xiáo Lí hǎo）

③3つとも単独の単語なら、3声・2声・3声も2声・2声・3声もOK

（我买水 wǒ mǎi shuǐ ⇒ wǒ mái shuǐ/ wó mái shuǐ）

你好 Nǐ hǎo　　水果 shuǐguǒ　　可以 kěyǐ　　洗澡 xǐ zǎo

我买米 wǒ mǎi mǐ　　你洗手 nǐ xǐ shǒu　　我给你 wǒ gěi nǐ

♪ 九九九，九五九。Jiǔ jiǔ jiǔ, jiǔ wǔ jiǔ. ⇒ (jiú jiú jiǔ, jiú wú jiǔ.)

♪ 酒酒酒，我买酒。Jiǔ jiǔ jiǔ, wǒ mǎi jiǔ. ⇒ (jiú jiú jiǔ, wó mái jiǔ／wǒ mái jiǔ.)

♪ 你洗手，我也洗手。Nǐ xǐ shǒu, wǒ yě xǐ shǒu. ⇒ (Nǐ xí shǒu, wó yě xí shǒu.)

B46 単語の復習

		中国語	ピンイン
□ 1	いる、ある、…している、…で		
□ 2	もしもし		
□ 3	スーパー		
□ 4	バイトをする		
□ 5	レストラン		
□ 6	食堂		
□ 7	ホテル		
□ 8	店、商店		
□ 9	コンビニ		
□ 10	図書館		

□11　車		
□12　宿題		
□13　テレビ		
□14　ご飯を食べる、食事する		
□15　遊ぶ		
□16　ゲーム		

練習問題

B47 **1** 音声を聞いて、ピンインと漢字を書き、日本語に訳しなさい。

(1)

(2)

2 次の文を中国語に訳し、ピンインも書きなさい。

(1) 平山さんは今、中国語を勉強しています。

(2) 私の本はここにないよ。どこにあるの？

3 次のピンインを読んで、漢字に直し、日本語に訳しなさい。

(1) Shāntián de gēge xiànzài zài Měiguó liúxué.

(2) Tā zuótiān méi zài jiā, jīntiān yě méi zài jiā.

文化コーナー

中国語になった日本語

19 世紀末、日本は中国より早く西洋文化を取り入れ、西洋の書物を読み、訳すために、漢字を使って訳語を作りました。例えば、「科学」「民主」「経済」などで、これらの漢字訳語は後に中国に伝わって、今でも広く使われています。現在、社会科学の用語は 70%が日本人が作った訳語と言われています。

一方、21 世紀になって、日本の文化、特に漫画とアニメが世界中に愛され、中国も例外ではなく、若者に大人気です。その影響で、漫画やアニメの日本語は若者から流行り、その後、大人も使うようになりました。例えば、“漫画 mànhuà”、“人气 rénqì”、“达人 dárén”、“暴走族 bàozǒuzú”、“氛围 fēnwéi” など。

第12课 Dì shí'èr kè

我 在 车站 前边儿 等 你。

Wǒ zài chēzhàn qiánbianr děng nǐ.

会話

B48 山本：王 健，明天 我 在 车站 前边儿 等 你，好 吗？

Shānběn: Wáng Jiàn, míngtiān wǒ zài chēzhàn qiánbianr děng nǐ, hǎo ma?

B49

王 健：别 在 车站 前边儿 等，那儿 人 很 多。

Wáng Jiàn: Bié zài chēzhàn qiánbianr děng, nàr rén hěn duō.

山本：那，在 车站 旁边儿 的 便利店 里边儿，好 吗？

Shānběn: Nà, zài chēzhàn pángbianr de biànlìdiàn lǐbianr, hǎo ma?

王 健：好，有 事 我 给 你 打 电话。

Wáng Jiàn: Hǎo, yǒu shì wǒ gěi nǐ dǎ diànhuà.

B50

語彙を増やしましょう

1. 发 fā　送信する
2. 收到 shōudào　受け取る
3. 信息 xìnxī　ショートメール、情報
4. 邮件 yóujiàn　電子メール、郵便物
5. 邮箱 yóuxiāng　メールアドレス、メールボックス
6. 微信 Wēixìn　WeChat

ポイント

B51

1 方位詞＋“边儿 bianr”

方向と位置を示す「方位詞」は単独で場所として使えない。“边儿”をつけて場所詞になる。机などの名詞も、必ず「方位詞＋“边儿”」あるいは「方位詞」をつけてから場所詞になる。「机にある」は“在桌子上边儿”、“在桌子上”。「名詞＋“上边儿／里边儿”」だけ“边儿”を省略可。

东边儿 dōngbianr	西边儿 xībianr	南边儿 nánbianr	北边儿 běibianr
上边儿 shàngbianr	下边儿 xiàbianr	左边儿 zuǒbianr	右边儿 yòubianr
前边儿 qiánbianr	后边儿 hòubianr	里边儿 lǐbianr	外边儿 wàibianr
旁边儿 pángbianr			

① A: 请　问，　洗手间　在　哪儿？
Qǐng wèn, xǐshǒujiān zài nǎr?

B: 在　前边儿。
Zài qiánbianr.

② A: 车站　旁边儿　有　商店　吗？
Chēzhàn pángbianr yǒu shāngdiàn ma?

B: 有，　有　很　多　商店。
Yǒu, yǒu hěn duō shāngdiàn.

B52

2 “给 gěi”：動詞は「…をあげる」、前置詞は「（人）に…してあげる」、「（人）に」（“打”“发”に限る）。

① A: 你　爸爸　给　你　多少　钱？
Nǐ bàba gěi nǐ duōshao qián?

B: 他　给　我　两千　日元。
Tā gěi wǒ liǎngqiān Rìyuán.

② A: 你　想　给　我　做　什么　菜？
Nǐ xiǎng gěi wǒ zuò shénme cài?

B: 我　给　你　做　饺子　吧。
Wǒ gěi nǐ zuò jiǎozi ba.

③ A: 你　给　他　发　LINE　了　吗？
Nǐ gěi tā fā le ma?

B: 给　他　发　了。
Gěi tā fā le.

B53

3 "别 bié"＋動詞：「…しないで」 "别 bié"＋動詞＋"了"：「もう…をやめて」

① A: 我 现在 给 李 明 打 电话。
Wǒ xiànzài gěi Lǐ Míng dǎ diànhuà.

B: 现在 别 打，给 他 发 信息。
Xiànzài bié dǎ, gěi tā fā xìnxī.

② A: 你 别 说 了，我 明白 了。
Nǐ bié shuō le, wǒ míngbai le.

B: 真 的 明白 了?
Zhēn de míngbai le?

③ A: 别 忘 了 明天 的 作业!
Bié wàng le míngtiān de zuòyè!

B: 好。
Hǎo.

B54

発音の復習　4声の特訓

二二二，二四二。Èr èr èr, èr sì èr.
四四四，四六四。Sì sì sì, sì liù sì.

作业 zuòyè	电视 diànshì	睡觉 shuìjiào	再见 zàijiàn
做作业 zuò zuòyè	看电视 kàn diànshì	要睡觉 yào shuìjiào	

这是电视，那是电话。Zhè shì diànshì, nà shì diànhuà.
现在上课，现在下课。Xiànzài shàngkè, xiànzài xiàkè.
大下要去散步，大上要去睡觉。Dàxià yào qù sànbù, Dàshàng yào qù shuìjiào.

B55

単語の復習

		中国語	ピンイン
□ 1	駅		
□ 2	前、先		
□ 3	…側、…あたり		
□ 4	待つ		
□ 5	…しないで		
□ 6	そば、となり		
□ 7	中		
□ 8	あげる、…に（～してあげる）		
□ 9	打つ、（電話を）かける、（球技を）する		
□ 10	電話		
□ 11	送信する		
□ 12	受け取る		
□ 13	ショートメール、情報		
□ 14	電子メール、郵便物		
□ 15	メールアドレス、メールボックス		
□ 16	WeChat		
□ 17	東		
□ 18	西		
□ 19	南		
□ 20	北		
□ 21	上、通う、上がる		
□ 22	下、（雨、雪が）降る、降りる		
□ 23	左		
□ 24	右		
□ 25	うしろ、裏		
□ 26	外		
□ 27	トイレ		
□ 28	忘れる		

練習問題

B56 **1** 音声を聞いて、ピンインと漢字を書き、日本語に訳しなさい。

(1)

(2)

2 次の文を中国語に訳し、ピンインも書きなさい。

(1) スーパーの前にたくさん人がいる。

(2) この本を買わないで、私があげる。

3 次のピンインを読んで、漢字に直し、日本語に訳しなさい。

(1) Nǐ gěi Wáng Yīng fā Wēixìn le ma?

(2) Tiánzhōng zài túshūguǎn qiánbianr děng nǐ.

文化コーナー

中国語の検定試験とHSK

中国語を習ったら、ぜひ資格をとってみてください。力試し、学習の目標として検定試験にチャレンジしてください。

日本の中国語検定試験は日本中国語検定協会の主催で、年３回、準４級、４級、３級、２級、準１級、１級があり、日本だけではなく海外でも受けられます。試験はリスニングと筆記で、両方とも合格基準点に達しないと合格できません。詳細は中検ホームページ（http://www.chuken.gr.jp/）で確認してください。

もう一つは、中国政府公認の中国語検定試験、HSK です。中国語で“汉语水平考试 Hànyǔ Shuǐpíng Kǎoshì”、HSK はその頭文字の略称です。長期留学や就職に有利です。筆記試験と口頭試験があり、筆記試験（聞き取り、読解、作文＜３級以上＞）は初級レベルの１級から上級の９級まで、口頭試験は初級、中級、高級に分かれています。試験日と申込期間は、年末に次の年の予定を HSK 日本実施委員会のホームページ（https://www.hskj.jp/）で発表します。

補充教材 ④　生活　惯用语－2 (生活決まり文句－2)

shēnghuó guànyòngyǔ

B57

1 小心！ 小心！　(気をつけて)

Xiǎoxīn!　Xiǎoxīn!

2 你 放心，别 担心。　(安心して、心配しないで)

Nǐ　fàngxīn,　bié　dānxīn.

3 好 久 没 见 了。/好 久 不 见 了。　(お久しぶりです)

Hǎo　jiǔ　méi　jiàn　le.　/ Hǎo　jiǔ　bú　jiàn　le.

4 不 好 意思。　(申し訳ない、ごめんなさい)

Bù　hǎo　yìsi.

5 请　等 一 下。　(ちょっと待ってください)

Qǐng　děng　yí　xià.

6 请　多 保重。　(お大事に)

Qǐng　duō　bǎozhòng.

7 恭喜 恭喜！　(おめでとうございます！)

Gōngxǐ　gōngxǐ!

8 祝 你 生日 快乐！　(お誕生日おめでとうございます！)

Zhù　nǐ　shēngrì　kuàilè!

9 圣诞　快乐！　(メリークリスマス！)

Shèngdàn　kuàilè!

10 新年 好！/新年 快乐！　(新年おめでとうございます！)

Xīnnián　hǎo！ / Xīnnián　kuàilè!

第 13 课
Dì shísān kè

汉语 你 学了 多 长 时间 了?
Hànyǔ nǐ xuéle duō cháng shíjiān le?

会話

B58
李超: 中本, 汉语 你 学了 多 长 时间 了?
Lǐ Chāo: Zhōngběn, Hànyǔ nǐ xuéle duō cháng shíjiān le?

B59
中本: 我 学了 八 个 月 了。
Zhōngběn: Wǒ xuéle bā ge yuè le.

李超: 你 还 学习 韩语, 是 吗?
Lǐ Chāo: Nǐ hái xuéxí Hányǔ, shì ma?

中本: 是, 我 很 喜欢 学习 外语。
Zhōngběn: Shì, wǒ hěn xǐhuan xuéxí wàiyǔ.

B60
語彙を増やしましょう 時間量詞

1. 两年 liǎng nián 2年間
2. 两天 liǎng tiān 2日間
3. 两分钟 liǎng fēn zhōng 2分間
4. 两(个)星期、两周 liǎng (ge) xīngqī, liǎng zhōu 2週間
5. 两个月 liǎng ge yuè 2ヵ月
6. 两(个)小时 liǎng (ge) xiǎoshí 2時間

ポイント

B61

1 動詞（＋“了 le”）＋数量詞＋名詞

数量詞（時間量詞を含む）は動詞と名詞の目的語の間に置く。未来と常に行う動作は“了”がいらない。

① A: 你　每天　吃　几　个　鸡蛋?
Nǐ měitiān chī jǐ ge jīdàn?

B: 两　个。
Liǎng ge.

② A: 去年　他　去了　几　次　中国?
Qùnián tā qùle jǐ cì Zhōngguó?

B: 去了　两　次。
Qùle liǎng cì.

B62

2 動詞＋“了 le”＋時間量詞＋“了 le”

時間量詞の後の文末の“了”は動作の継続を表す。文末の“了”がなければ、その動作は今していないことを表す。

① A: 你　等了　多　长　时间　了?
Nǐ děngle duō cháng shíjiān le?

B: 等了　三十　分　钟　了。
Děngle sānshí fēn zhōng le.

② A: 昨天　你　等了　多　长　时间?
Zuótiān nǐ děngle duō cháng shíjiān?

B: 我　等了　三十　分　钟。他　没　来。
Wǒ děngle sānshí fēn zhōng. Tā méi lái.

③ A: 王　老师　在　日本　住了　几　年　了?
Wáng lǎoshī zài Rìběn zhùle jǐ nián le?

B: 住了　两　年　了。
Zhùle liǎng nián le.

④ A: 王　老师　在　日本　住了　几　年?
Wáng lǎoshī zài Rìběn zhùle jǐ nián?

B: 住了　两　年。现在　在　北京。
Zhùle liǎng nián. Xiànzài zài Běijīng.

B63

3 “还 hái”：「まだ…」「それに」

状態、動作がまだ持続していることと、追加を表す。動詞、形容詞の肯定も否定も使える。

① A: 他　还　没　起来　吗?
Tā　hái　méi　qǐlai　ma?

B: 没有，还　在　睡。
Méiyǒu, hái　zài　shuì.

② A: 上海　现在　还　热　吗?
Shànghǎi　xiànzài　hái　rè　ma?

B: 还　很　热。
Hái　hěn　rè.

③ A: 王　英　还　喜欢　什么　课?
Wáng Yīng　hái　xǐhuan　shénme　kè?

B: 她　还　喜欢　日语课。
Tā　hái　xǐhuan　Rìyǔkè.

B64 発音の復習

「1声＋2声」と「2声＋1声」

1声＋2声	māmá	mīmí	māimái	mēiméi
	今年	中国	英国	加油
	jīnnián	Zhōngguó	Yīngguó	jiāyóu

2声＋1声	mámā	mímī	máimāi	méimēi
	前天	昨天	明天	时间
	qiántiān	zuótiān	míngtiān	shíjiān

♪ 中田高田没加油。 Zhōngtián Gāotián méi jiāyóu.

♪ 昨天前天没时间。 Zuótiān qiántiān méi shíjiān.

B65 単語の復習

	中国語	ピンイン
□ 1　習う		
□ 2　どのぐらいの長さ(時間など)		
□ 3　時間		
□ 4　外国語		
□ 5　…日間、天気、空		
□ 6　…分間		
□ 7　…時間		
□ 8　たまご		
□ 9　…回		
□ 10　住む		
□ 11　授業		

練習問題

B66 **1** 音声を聞いて、ピンインと漢字を書き、日本語に訳しなさい。

(1)

(2)

2 次の文を中国語に訳し、ピンインも書きなさい。

(1) 王英さんは東京にどのぐらい住んでいますか。

(2) 彼は毎日中国語を２時間勉強します。

3 次のピンインを読んで、漢字に直し、日本語に訳しなさい。

(1) Shānxià xuéxíle shí nián Hànyǔ le, xiànzài hái zài xuéxí.

(2) Tā shàng ge xīngqītiān mǎile liǎng jiàn yīfu.

文化コーナー

中国留学

中国語を習ううちに、１度は中国に行きたいと思う人も多いことでしょう。しかし、単に旅行に行くだけでは、ちょっともったいないと思います。中国語の勉強をしながら、旅行もできる短期留学を強くお薦めします。

中国の多くの大学は短期・長期の語学留学のプログラムがあり、時間と経済条件に合わせて選べます。短期は３週間～半年、長期は１年～４年。宿泊は留学生の寮なので、いろいろな国の留学生と交流できます。また、学内の図書館、食堂では中国人の学生と交流できます。

平日の午前が授業、午後と土日は自由時間なので、街に出たり、旅行もできます。長期留学なら、休暇中に長距離旅行も可能です。

留学は語学に限らず、異文化を肌で知ることもできます。また、精神面も大いに鍛えられます。ぜひ、チャレンジしてみてください。

第14课 Dì shísì kè

再 吃 一点儿。
Zài chī yìdiǎnr.

会話

B67

李 英：山下，我 做 的 菜 好吃 吗？
Lǐ Yīng: Shānxià, wǒ zuò de cài hǎochī ma?

B68

山下：好吃，非常 好吃。
Shānxià: Hǎochī, fēicháng hǎochī.

李 英：来，再 吃 一点儿。你 还 要 米饭 吗？
Lǐ Yīng: Lái, zài chī yìdiǎnr. Nǐ hái yào mǐfàn ma?

山下：不 要 了，谢谢，我 饱 了。
Shānxià: Bú yào le, xièxie, wǒ bǎo le.

B69

語彙を増やしましょう

1. 春天 chūntiān 春
2. 夏天 xiàtiān 夏
3. 秋天 qiūtiān 秋
4. 冬天 dōngtiān 冬
5. 穿 chuān 着る、履く
6. 鞋子 xiézi 靴

ポイント

B70

1 “要 yào”

動詞は「要る」「ほしい」「かかる」。助動詞は動詞の前に置き、「…するつもりだ」「…したい」。否定は“要”をとり“不”だけでよい。単独で返事する時は“不要”。10課の“想”（…したい）より予定がはっきりしている。

① A: 这个　你　要　吗?
Zhèige　nǐ　yào　ma?
B: 要。/ 不　要。
Yào. / Bú　yào.

② A: 在　日本　上　大学　一　年　要　多少　钱?
Zài　Rìběn　shàng　dàxué　yì　nián　yào　duōshao　qián?
B: 要　两百　万　日元　吧。
Yào　liǎngbǎi　wàn　Rìyuán　ba.

③ A: 明年　夏天　你　要　去　哪儿?
Míngnián　xiàtiān　nǐ　yào　qù　nǎr?
B: 我　要　去　中国　留学。
Wǒ　yào　qù　Zhōngguó　liúxué.

B71

2 “再 zài”＋動詞：「もう一(度、個、冊など)…する」「また…する」「もっと…する」

① A: 请　你　再　说　一　遍。
Qǐng　nǐ　zài　shuō　yí　biàn.
B: 好，我　再　说　一　遍。
Hǎo,　wǒ　zài　shuō　yí　biàn.

② A: 你　别　再　玩儿　游戏　了。
Nǐ　bié　zài　wánr　yóuxì　le.
B: 好，知道　了。
Hǎo,　zhīdào　le.

③ A: 我们　再　加油　吧。
Wǒmen　zài　jiāyóu　ba.
B: 好，一起　加油　吧。
Hǎo,　yìqǐ　jiāyóu　ba.

B72

3 “不 bù”＋動詞＋“了 le”：「…をやめる」

いままでずっとしている動作、予定している動作をやめることを表す。

① A: 明年　春天　你　还　去　东京　吗?
Míngnián　chūntiān　nǐ　hái　qù　Dōngjīng　ma?
B: 去。/ 不　去　了。
Qù. / Bú　qù　le.

② A: 这　双　鞋子　你　还　穿　吗?
Zhèi　shuāng　xiézi　nǐ　hái　chuān　ma?
B: 穿。/ 不　穿　了。
Chuān. / Bù　chuān　le.

B73 発音の復習

「1声＋3声」と「3声＋1声」

1声＋3声　māmǎ　mīmǐ　māimǎi　mēiměi

英语	开水	铅笔	身体
Yīngyǔ	kāishuǐ	qiānbǐ	shēntǐ

3声＋1声　mǎmā　mǐmī　mǎimāi　měimēi

老师	每天	好吃	好喝
lǎoshī	měitiān	hǎochī	hǎohē

♪ 老师每天喝开水。Lǎoshī měitiān hē kāishuǐ.

♪ 中本每天听英语。Zhōngběn měitiān tīng Yīngyǔ.

B74 単語の復習

		中国語	ピンイン
□ 1	また、もう一（度、個、冊など）、もっと		
□ 2	非常に		
□ 3	（人に呼びかける、促す）さあ		
□ 4	要る、ほしい、かかる、…したい、…するつもり		
□ 5	ご飯、ライス		
□ 6	お腹がいっぱいだ、満腹である		
□ 7	春		
□ 8	夏		
□ 9	秋		
□ 10	冬		
□ 11	着る、履く		
□ 12	靴		

□ 13　（最初から最後までの）動作の回数		
□ 14　頑張る		
□ 15　対になっている物の量詞		

練習問題

B75 ***1*** 音声を聞いて、ピンインと漢字を書き、日本語に訳しなさい。

(1)

(2)

2 次の文を中国語に訳し、ピンインも書きなさい。

(1) 明日、もう一度来てください。

(2) 私はあの靴をもう履かない。

3 次のピンインを読んで、漢字に直し、日本語に訳しなさい。

(1) Nàr de shòusī hěn hǎochī, míngtiān wǒ xiǎng zài qù chī.

(2) Míngnián Shāntián yào qù Yīngguó liúxué, nǐ zhīdào ma?

文化コーナー

WeChat ウィーチャット（“微信 Wēixìn”）

中国のスマホ向けのコミュニケーションアプリであり、LINE のようにボイスチャット、テキストチャット、グループチャット、買い物の支払い、送金などもできます。中国の大手 IT 企業、騰訊公司（Tencent Holdings Ltd.）が開発して、2011 年から提供しています。2020 年の発表では、中国国内の登録ユーザー数は 12 億、スマホを持っている中国人の 90％以上が“微信”を使っています。しかも多くの言語に対応しており、200 の国と地域をカバーしているソーシャルアプリと言われています。

日本も多くのデパート、商店などで中国人観光客や留学生向けに WeChatPay（“微信支付 Wēixìn zhīfù”）が使えますが、中国の銀行口座を持っていないと、ボイスチャット、テキストチャット、グループチャットしか使えず、支払いや送金はできません。

第15课 你会打棒球吗?

Dì shíwǔ kè　Nǐ huì dǎ bàngqiú ma?

会話

B76

山田：王海，你哥哥会打棒球吗?

Shāntián: Wáng Hǎi, nǐ gēge huì dǎ bàngqiú ma?

B77

王海：不会，他没打过棒球。

Wáng Hǎi: Bú huì, tā méi dǎguo bàngqiú.

山田：那，乒乓球呢，他会打吧?

Shāntián: Nà, pīngpāngqiú ne, tā huì dǎ ba?

王海：会，他打得非常好。

Wáng Hǎi: Huì, tā dǎ de fēicháng hǎo.

B78

語彙を増やしましょう

1. 篮球 lánqiú　バスケットボール
2. 排球 páiqiú　バレーボール
3. 网球 wǎngqiú　テニス
4. 踢 tī　蹴る
5. 足球 zúqiú　サッカー
6. 游泳 yóuyǒng　水泳、泳ぐ

ポイント

B79 1 "会 huì"：「できる」

学習を経てからできる技能を表す。否定は"不会"。「少し…できる」は"会"＋動詞＋"一点儿"＋目的語。

① A: 你　会　游泳　吗?
Nǐ　huì　yóuyǒng　ma?

B: 会。/ 不　会。/ 会　一点儿。
Huì.　/ Bú　huì.　/ Huì　yìdiǎnr.

② A: 他　会　说　汉语　吗?
Tā　huì　shuō　Hànyǔ　ma?

B: 会，会　说　一点儿。
Huì,　huì　shuō　yìdiǎnr.

B80 2 動詞＋"过 guo"（＋目的語）：「…したことがある」

「…したことがない」は"没"＋動詞＋"过"。目的語は"过"の後に置く。

① A: 你　打过　篮球　吗?
Nǐ　dǎguo　lánqiú　ma?

B: 打过。/ 没　打过。
Dǎguo.　/ Méi　dǎguo.

② A: 他　吃过　北京　烤鸭　吗?
Tā　chīguo　Běijīng　kǎoyā　ma?

B: 吃过。/ 没　吃过。
Chīguo.　/ Méi　chīguo.

B81 3 動詞＋"得 de"＋副詞＋形容詞：「…をするのが～」

動作についての評価、状態を示す。疑問文は"怎么样 zěnmeyàng"か「形容詞＋"吗"」を使う。

① A: 田中　英语　说　得　怎么样?
Tiánzhōng　Yīngyǔ　shuō　de　zěnmeyàng?

B: 说　得　很　好。/ 说　得　不　太　好。/ 说　得　非常　好。
Shuō　de　hěn　hǎo.　/Shuō　de　bú　tài　hǎo.　/Shuō　de　fēicháng　hǎo.

② A: 昨天　东京　的　雨　下　得　大　吗?
Zuótiān　Dōngjīng　de　yǔ　xià　de　dà　ma?

B: 下　得　很　大。
Xià　de　hěn　dà.

B82 発音の復習　「1声＋4声」と「4声＋1声」

1声＋4声　māmà　mīmì　māimài　mēimèi

高兴	方便	工作	商店
gāoxìng	fāngbiàn	gōngzuò	shāngdiàn

4声＋1声　màmā　mìmī　màimāi　mèimēi

后天	大家	蛋糕	面包
hòutiān	dàjiā	dàngāo	miànbāo

♪ 后天大家吃蛋糕。Hòutiān dàjiā chī dàngāo.

♪ 山上山下做面包。Shānshàng Shānxià zuò miànbāo.

B83 単語の復習

	中国語	ピンイン
□ 1　できる（技能）		
□ 2　野球		
□ 3　…したことがある		
□ 4　卓球		
□ 5　…をするのが～		
□ 6　バスケットボール		
□ 7　バレーボール		
□ 8　テニス		
□ 9　蹴る		
□ 10　サッカー		
□ 11　水泳、泳ぐ		
□ 12　北京ダック		
□ 13　あまり…ではない		
□ 14　雨		

練習問題

B84 ***1*** 音声を聞いて、ピンインと漢字を書き、日本語に訳しなさい。

(1)

(2)

2 次の文を中国語に訳し、ピンインも書きなさい。

(1) 王海さんはテニスがとてもうまい。

(2) 山田さんは少し英語が話せます。

3 次のピンインを読んで、漢字に直し、日本語に訳しなさい。

(1) Wǒ bú huì zuò Zhōngguócài, yě bú huì zuò Rìběncài.

(2) Zhōngshān hé Tiánzhōng Hànyǔ dōu shuō de fēicháng hǎo.

文化コーナー

アリババと「淘宝」（"阿里巴巴 Ālǐbābā" 和 "淘宝 Táobǎo"）

アリババ（"阿里巴巴"）は中国の電子商取引最大手。1999年にジャック・マー（"马云 Mǎ Yún"）が浙江省杭州のアパートの一室で創業しました。ネット通販とオークションのタオバオ（"淘宝"）、オンライン決済（"支付宝 zhīfùbǎo"）、金融サービスなどの事業を展開しています。https://www.alibaba.co.jp/

"淘宝" は Amazon（"亚马逊 Yàmǎxùn"）などと同じく、ネット通販の会社で、2003年にアリババ・グループによって設立された中国最大の通販サイト。"淘宝" は「宝探し」という意味で、見つからない宝物がないと言われるほどたくさんの商品を取り扱っています。日本語に対応していないので、日本から購入するには代行会社を通し、国際送料が必要です。https://world.taobao.com/

第16课 Dì shíliù kè

Youtube 用 汉语 怎么 说?

yòng Hànyǔ zěnme shuō?

会話

B85 B86

上田：Shàngtián: 刘明，Youtube 用 汉语 怎么 说?
Liú Míng, yòng Hànyǔ zěnme shuō?

刘明：Liú Míng: 油管。
Yóuguǎn.

上田：Shàngtián: 为什么 我 的 中国 朋友 都 说 Youtube?
Wèishénme wǒ de Zhōngguó péngyou dōu shuō ?

刘明：Liú Míng: 两 个 都 说。
Liǎng ge dōu shuō.

語彙を増やしましょう

B87

1. 漫画	mànhuà	マンガ	4. 照片	zhàopiàn	写真
2. 下载	xiàzài	ダウンロード(する)	5. 拍(照)	pāi(zhào)	(写真)を撮る
3. 动漫	dòngmàn	アニメ	6. 视频	shìpín	ビデオ、映像

ポイント

B88

1 "怎么 zěnme"＋動詞：「どのように…か」

① A: 那个　APP　怎么　下载?
Nèige　zěnme　xiàzài?

B: 很　简单，我　教　你。
Hěn　jiǎndān,　wǒ　jiāo　nǐ.

② A: 你　的　名字　怎么　写?
Nǐ　de　míngzi　zěnme　xiě?

B: 这样　写。
Zhèyàng　xiě.

B89

2 "用 yòng"：「使う」
"用 yòng"…動詞（＋目的語）：「…を使って～する」「…で～する」

① A: 你　现在　用　什么　手机?
Nǐ　xiànzài　yòng　shénme　shǒujī?

B: 我　用　安卓　的。
Wǒ　yòng　Ānzhuó　de.

② A: 怎么　用　微信　打　视频　电话?　难　不　难?
Zěnme　yòng　Wēixìn　dǎ　shìpín　diànhuà?　Nán　bu　nán?

B: 不　难，很　简单。
Bù　nán,　hěn　jiǎndān.

③ A:「漫画」用　汉语　怎么　说?
「マンガ」yòng　Hànyǔ　zěnme　shuō?

B: "漫画"。
"Mànhuà".

B90

3 "为什么 wèishénme"：「どうして」「なぜ」

返事は"因为 yīnwèi…"「なぜならば…」を使う。親しい間柄では省略可。

① A: 他　为什么　喜欢　看　日本　动漫?
Tā　wèishénme　xǐhuan　kàn　Rìběn　dòngmàn?

B: 因为　他　女朋友　是　日本人。
Yīnwèi　tā　nǚpéngyou　shì　Rìběnrén.

② A: 为什么　你　没　拍照?
Wèishénme　nǐ　méi　pāizhào?

B: 我　忘　了。
Wǒ　wàng　le.

B91 発音の復習　「2声＋3声」と「3声＋2声」

2声＋3声	mámǎ	mímǐ	máimǎi	méiměi
	牛奶	苹果	没有	游泳
	niúnǎi	píngguǒ	méiyǒu	yóuyǒng
3声＋2声	mǎmá	mǐmí	mǎimái	měiméi
	美国	小学	每年	旅游
	Měiguó	xiǎoxué	měinián	lǚyóu

♪ 牛奶苹果也没有。Niúnǎi píngguǒ yě méiyǒu.

♪ 每年旅游也很好。Měinián lǚyóu yě hěn hǎo.

B92 単語の復習

	中国語	ピンイン
□ 1　Youtube		
□ 2　使う、…で（～する）		
□ 3　どのように		
□ 4　どうして、なぜ		
□ 5　マンガ		
□ 6　ダウンロード（する）		
□ 7　アニメ		
□ 8　写真		
□ 9　（写真を）撮る		
□ 10　ビデオ、映像		
□ 11　簡単である		
□ 12　教える		
□ 13　書く		
□ 14　このように、このようである		
□ 15　難しい		
□ 16　なぜならば		

練習問題

B93 ***1*** 音声を聞いて、ピンインと漢字を書き、日本語に訳しなさい。

(1)

(2)

2 次の文を中国語に訳し、ピンインも書きなさい。

(1) 今はケータイで写真を撮ってください。

(2) 中国でどのようにパソコンで Youtube を見るの？

3 次のピンインを読んで、漢字に直し、日本語に訳しなさい。

(1) Míngtiān nǐ zěnme qù Dōngjīng?

(2) Zhèige yòng Hànyǔ zěnme shuō? Nǐ zhīdào ma?

文化コーナー

広場ダンス（"广场舞 guǎngchǎngwǔ"）

中国を旅行すると、町の広場や公園で中高年の男女が音楽に合わせてダンスをしているのを見かけることがあります。"广场舞"（広場ダンス）と言い、1990 年代から流行ってきました。平日は夕食後、土日は昼間も、近所の人が広場や空き地、公園に集まって、音楽に合わせて一緒に踊ります。中国の民族舞踊もあれば、社交ダンス、体操のような踊りもあります。参加者は近所同士だけではなく、観客も飛び入りで自由に参加できます。最初は趣味や運動で始まったようですが、組織もできて、地域や全国規模の大会もあります。一方、騒音被害などの社会問題にもなっていますが、老人の楽しみでもあり、解決できていません。

補充教材 5　外来语 wàiláiyǔ （外来語）

B94

中国語は外来語も漢字で表記し、作り方は次の３つある。

① 意 訳 型：外来語の意味を訳して、意味の近い漢字で表す。

② 音 訳 型：外来語の音に近い漢字（当て字）で表す。

③ 音意訳型：音と意味の両方を使って表す。

意訳型

1. 病毒 bìngdú ウイルス
2. 新冠 Xīnguān 新型コロナ
3. 云盘 yúnpán クラウド、Cloud
4. 点击 diǎnjī クリック
5. 新闻 xīnwén ニュース
6. 网页 wǎngyè ウェブサイト
7. 情人节 Qíngrénjié バレンタインデー
8. 圣诞节 Shèngdànjié クリスマス

音訳型

1. 可乐 Kělè コーラ
2. 雅虎 Yǎhǔ Yahoo、ヤフー
3. 谷歌 Gǔgē Google、グーグル
4. 华盛顿 Huáshèngdùn ワシントン
5. 麦当劳 Màidāngláo マクドナルド
6. 马自达 Mǎzìdá マツダ
7. 耐克 Nàikè ナイキ
8. 奥林匹克 Àolínpǐkè オリンピック

音意訳型

1. 因特网 yīntèwǎng インターネット
2. 记忆卡 jìyìkǎ メモリーカード
3. 信用卡 xìnyòngkǎ クレジットカード
4. T 恤衫 T xùshān T シャツ
5. 冰激凌 bīngjīlíng アイスクリーム
6. 汉堡包 hànbǎobāo ハンバーガー
7. 星巴克 Xīngbākè スターバックス
8. 迪斯尼乐园 Dísīní lèyuán ディズニーランド

第17课 Dì shíqī kè

日本 能 用 微信 付款 吗?
Rìběn néng yòng Wēixìn fùkuǎn ma?

会話

C02

李红：山下，日本 能 用 微信 付款 吗?
Lǐ Hóng: Shānxià, Rìběn néng yòng Wēixìn fùkuǎn ma?

C03

山下：有的 地方 能 用，不过 一般 都 用 PayPay 吧。
Shānxià: Yǒude dìfang néng yòng, búguò yìbān dōu yòng PayPay ba.

李红：支付宝 呢? 可以 用 吗?
Lǐ Hóng: Zhīfùbǎo ne? Kěyǐ yòng ma?

山下：也 一样，有的 地方 能 用，有的 地方 不 行。
Shānxià: Yě yíyàng, yǒude dìfang néng yòng, yǒude dìfang bù xíng.

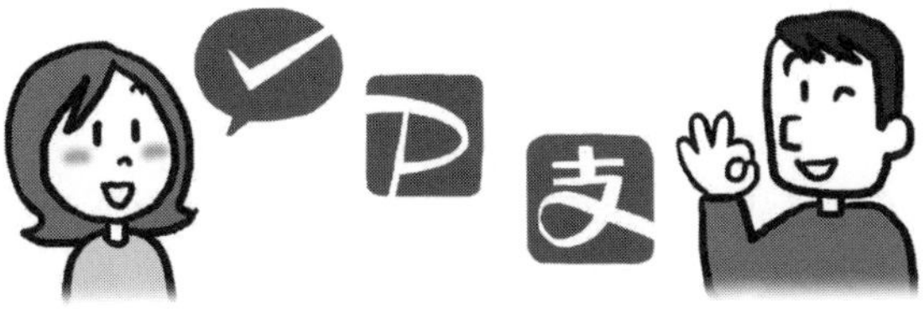

C04

語彙を増やしましょう

1. 点击 diǎnjī　クリック（する）
2. 网页 wǎngyè　ウェブサイト
3. 百度 Bǎidù　百度（バイドゥ）
4. 脸书 Liǎnshū　Facebook（フェイスブック）
5. 优盘（U盘）yōupán　USBメモリ
6. 云盘 yúnpán　クラウド（cloud）

ポイント

C05

1 “能 néng”：「できる」

高度な能力、条件、都合、許可の「できる」。否定は“不能 bù néng”。

① A: 你 能 教 英语 吗?
Nǐ néng jiāo Yīngyǔ ma?
B: 能。/ 不 能。
Néng. / Bù néng.

② A: 你 的 手机 能 下载 百度 吗？
Nǐ de shǒujī néng xiàzài Bǎidù ma?
B: 能。/ 不 能。
Néng. / Bù néng.

③ A: 那个 地方 能 拍照 吗?
Nèige dìfang néng pāizhào ma?
B: 能。/ 不 能。
Néng. / Bù néng.

C06

2 “可以 kěyǐ”：条件、都合、許可の「できる」

用法は“能”とほぼ同じだが、“能”は北方、“可以”は南方でよく使われる。「許可」を求める時は北方でも“可以”をよく使う。「不許可」は“不可以”という。

① A: 这儿 可以 用 LINE 付款 吗?
Zhèr kěyǐ yòng fùkuǎn ma?
B: 可以。/ 不 行。
Kěyǐ . / Bù xíng.

② A: 日本 十八 岁 可以 喝 酒 吗?
Rìběn shíbā suì kěyǐ hē jiǔ ma?
B: 不 可以。
Bù kěyǐ.

③ A: 老师，作业 我 明天 交，可以 吗?
Lǎoshī, zuòyè wǒ míngtiān jiāo, kěyǐ ma?
B: 可以。/ 不 可以。
Kěyǐ. / Bù kěyǐ.

C07

3 “不过 búguò”“可是 kěshì”“但是 dànshì”：「しかし、けれども」。“但是”はやや硬い言い方。

① A: 汉语 简单 吗?
Hànyǔ jiǎndān ma?
B: 不 简单，不过 很 有 意思。
Bù jiǎndān, búguò hěn yǒu yìsi.

② A: 你 有 支付宝 吗?
Nǐ yǒu Zhīfùbǎo ma?
B: 没有，可是 我 有 微信。
Méiyǒu, kěshì wǒ yǒu Wēixìn.

③ A: 云盘 方便 吗?
Yúnpán fāngbiàn ma?
B: 很 方便。 但是 我 喜欢 用 优盘。
Hěn fāngbiàn. Dànshì wǒ xǐhuan yòng yōupán.

C08

発音の復習

「2声＋4声」と「4声＋2声」

2声＋4声	mámà	mímì	máimài	méimèi
	不去	学校	一定	不错
	bú qù	xuéxiào	yídìng	búcuò
4声＋2声	màmá	mìmí	màimái	mèiméi
	去年	后年	大学	日元
	qùnián	hòunián	dàxué	Rìyuán

♪ 田上一定来学校。Tiánshàng yídìng lái xuéxiào.

♪ 去年后年不一样。Qùnián hòunián bù yíyàng.

C09

単語の復習

		中国語	ピンイン
□ 1	できる(能力、条件、許可)		
□ 2	支払う		
□ 3	場所、所		
□ 4	しかし、けれども		
□ 5	一般的、普通		
□ 6	Alipay（アリペイ）		
□ 7	できる（条件、許可）		
□ 8	クリック（する）		
□ 9	ウェブサイト		
□ 10	百度（バイドゥ）		
□ 11	Facebook（フェイスブック）		
□ 12	USB メモリ		
□ 13	クラウド（Cloud）		
□ 14	提出する、渡す		
□ 15	おもしろい		

練習問題

C10 **1** 音声を聞いて、ピンインと漢字を書き、日本語に訳しなさい。

(1)

(2)

2 次の文を中国語に訳し、ピンインも書きなさい。

(1) 私は明日用事があるので、学校に行けません。

(2) ここは WeChat で支払いができますか。

3 次のピンインを読んで、漢字に直し、日本語に訳しなさい。

(1) Qǐng gěi wǒ yì bēi kāishuǐ kěyǐ ma?

(2) Zài Měiguó èrshí suì zhēn de bù néng hē jiǔ ma?

文化コーナー

中秋節（“中秋节 Zhōngqiūjié”）

旧暦の8月15日は一年で最も月が丸いと言われ、中国では宋の時代（960-1279年）から伝わる、“春节 Chūnjié”に次いで大切な祝日です。満月は中国語でも“满月 mǎnyuè”と言い、“圆满 yuánmǎn”につながり、縁起を担いで、家庭円満、仕事の成就などを願います。“中秋节”には、遠方の家族も集まり、一家団欒で過ごします。そして、月餅（げっぺい）“月饼 yuèbing”（月のように丸いお菓子）を食べます。近年は、親戚やお世話になった人に贈ったり、会社の取引先に配ったりします。高価な物になると、サラリーマンの月給ほどのもあります。

第18课 快 上课 了。

Dì shíbā kè　Kuài shàngkè le.

会話

C11 C12

中村：快 上课 了，老师 来 了，在 等着 我们 呢。
Zhōngcūn: Kuài shàngkè le, lǎoshī lái le, zài děngzhe wǒmen ne.

张 和：老师 已经 来 了？
Zhāng Hé: Lǎoshī yǐjīng lái le?

中村：来 了，快 进去 吧。
Zhōngcūn: Lái le, kuài jìnqu ba.

张 和：好！好！进去 吧，进去 吧。
Zhāng Hé: Hǎo! Hǎo! Jìnqu ba, jìnqu ba.

C13

語彙を増やしましょう

1. 坐 zuò　座る
2. 站 zhàn　立つ
3. 开 kāi　開ける、開く、つける
4. 关 guān　閉める、閉まる、消す
5. 放 fàng　置く
6. 雪 xuě　雪

ポイント

C14 1 “快 kuài…了 le”：「もうすぐ…」「…しそうだ」
“已经 yǐjīng…了 le”：「すでに…した」

“快”“已经”と“了”の間に時間詞、形容詞、動詞が置ける。

① A: 快 九 点 了，他 来 了 吗?
Kuài jiǔ diǎn le, tā lái le ma?
B: 已经 来 了。
Yǐjīng lái le.

② A: 雨 快 停 了 吧?
Yǔ kuài tíng le ba?
B: 快 停 了。/ 已经 停 了。
Kuài tíng le. / Yǐjīng tíng le.

C15 2 方向動詞＋“来 lái / 去 qù”：「…て来る / 行く」

“上 shàng、下 xià、进 jìn、出 chū、回 huí”（上がる、降りる、入る、出る、帰る）という方向性を持つ動詞は必ず“来 / 去”と一緒に使う。

① A: 你 上来 吧！
Nǐ shànglai ba!
B: 好，我 上去。
Hǎo, wǒ shàngqu.

② A: 你 下来 吧！
Nǐ xiàlai ba!
B: 好，我 下去。
Hǎo, wǒ xiàqu.

③ A: 你 进来 吧！
Nǐ jìnlai ba!
B: 好，我 进去。
Hǎo, wǒ jìnqu.

④ A: 你 出来 吧！
Nǐ chūlai ba!
B: 好，我 出去。
Hǎo, wǒ chūqu.

⑤ A: 你 回来 吧！
Nǐ huílai ba!
B: 好，我 回去。
Hǎo, wǒ huíqu.

C16 3 動詞＋“着 zhe”：「…している」「…してある」

状態の持続と、ある場所に不特定なものがどのように存在しているかを表す。

① A: 教室 的 门 关着 吗?
Jiàoshì de mén guānzhe ma?
B: 关着。/ 没 关，开着。
Guānzhe. / Méi guān, kāizhe.

② A: 桌子上 放着 什么 东西?
Zhuōzishang fàngzhe shénme dōngxi?
B: 放着 很 多 书。
Fàngzhe hěn duō shū.

C17 **発音の復習**

「3声＋4声」と「4声＋3声」

3声＋4声　mǎmà　mǐmì　mǎimài　měimèi

早饭	午饭	晚饭	可爱
zǎofàn	wǔfàn	wǎnfàn	kě'ài

4声＋3声　màmǎ　mìmǐ　màimǎi　mèiměi

日本	日语	汉语	上海
Rìběn	Rìyǔ	Hànyǔ	Shànghǎi

♪ 我做早饭买晚饭。Wǒ zuò zǎofàn mǎi wǎnfàn.

♪ 上午下午下大雨。Shàngwǔ xiàwǔ xià dàyǔ.

C18 **単語の復習**

		中国語	ピンイン
□ 1	もうすぐ…になる／する、…しそうだ		
□ 2	…している（状態の持続）		
□ 3	すでに		
□ 4	入る		
□ 5	座る、（乗り物に）乗る		
□ 6	立つ		
□ 7	開ける、開く、つける、つく、運転する		
□ 8	閉める、閉まる、消す、消える		
□ 9	置く		
□ 10	雪		
□ 11	止まる、止める、（雨、雪が）やむ		
□ 12	出る		

□13　帰る、戻る		
□14　教室		
□15　ドア、門		

練習問題

C19 **1** 音声を聞いて、ピンインと漢字を書き、日本語に訳しなさい。

(1)

(2)

2 次の文を中国語に訳し、ピンインも書きなさい。

(1) お父さんがもうすぐ帰って来るよ。早く宿題をしなさい。

(2) もう8時になったよ。早く起きなさい。

3 次のピンインを読んで、漢字に直し、日本語に訳しなさい。

(1) Xuě hái xiàzhe, nǐ bié chūqu.

(2) Biànlìdiàn qiánbianr zhànzhe hěn duō rén.

文化コーナー

旧正月 / 春節（“春节 Chūnjié”）

中国人にとって、一年で最も大切な祭日。陰暦の1月1日なので、西暦では毎年変わります。西暦のお正月は“元旦 Yuándàn”、旧正月を“春节”と呼びます。

“春节”は休暇が長く、大晦日（“除夕 chúxī”）から家族で集まり、ご馳走を食べて、テレビで“春晚 chūnwǎn”（“春节联欢晚会”の略。お正月の芸能バラエティー番組）を見たり、マージャンをしたり、爆竹を鳴らしたりします。翌日の旧暦1月1日に親や年長者、親戚に新年の挨拶をします。子供はお年玉（“压岁钱 yāsuìqián”“红包 hóngbāo”）をもらいます。

中国大陸、台湾以外に、シンガポール、韓国、ベトナム、欧米、日本などの華僑社会も“春节”を祝います。

第19课 Dì shíjiǔ kè

我 是 骑 自行车 来 的。
Wǒ shì qí zìxíngchē lái de.

会話

C20 C21

李 健：山本，你们 今天 是 怎么 来 学校 的？
Lǐ Jiàn: Shānběn, nǐmen jīntiān shì zěnme lái xuéxiào de?

山本：我 是 骑 自行车 来 的，他 是 坐 电车 来 的，你 呢？
Shānběn: Wǒ shì qí zìxíngchē lái de, tā shì zuò diànchē lái de, nǐ ne?

李 健：我 是 坐 公交车 来 的。
Lǐ Jiàn: Wǒ shì zuò gōngjiāochē lái de.

山本：从 你 家 到 学校，坐 公交车 要 多 长 时间？
Shānběn: Cóng nǐ jiā dào xuéxiào, zuò gōngjiāochē yào duō cháng shíjiān?

C22

語彙を増やしましょう

1. 地铁 dìtiě	地下鉄	4. 摩托车 mótuōchē	オートバイ
2. 火车 huǒchē	汽車	5. 新干线 xīngànxiàn	新幹線
3. 飞机 fēijī	飛行機	6. 高铁 gāotiě	高速鉄道、「高鉄」

ポイント

C23
1 “坐 zuò / 骑 qí / 开 kāi”＋交通手段＋“来 lái / 去 qù”：「…で～に来る / 行く」

“来 / 去”の後には場所、或いは「動作＋目的語」も置ける。“坐”はバス、電車などの交通機関、“骑”は 2 輪車に使う。“开”は「車を運転する」。

① A: 你　明天　怎么　来?
Nǐ míngtiān zěnme lái?
B: 我　坐　地铁　来。
Wǒ zuò dìtiě lái.

② A: 他　每天　怎么　去　上班?
Tā měitiān zěnme qù shàngbān?
B: 他　骑　摩托车　去　上班。
Tā qí mótuōchē qù shàngbān.

③ A: 他　开　车　去　旅游　吗?
Tā kāi chē qù lǚyóu ma?
B: 是，他　想　开　车　去　旅游。
Shì, tā xiǎng kāi chē qù lǚyóu.

C24
2 “是 shì…的 de”：「…したのだ」「…しているのだ」

過去と前から続けている既知の動作の方法、時間、場所などを質問したり説明する文型。肯定文の“是”は省略可。否定の“不是”は省略不可。未来の動作には使えない。

① A: 前天　你（是）怎么　去　东京　的?
Qiántiān nǐ (shì) zěnme qù Dōngjīng de?
B: 我　是　坐　新干线　去　的。
Wǒ shì zuò xīngànxiàn qù de.

② A: 昨天　你（是）几　点　起来　的?
Zuótiān nǐ (shì) jǐ diǎn qǐlai de?
B: 六　点。
Liù diǎn.

③ A: 他（是）在　北京　学习　汉语　的　吗?
Tā (shì) zài Běijīng xuéxí Hànyǔ de ma?

B: 不　是，他　不　是　在　北京　学习　的。
Bú shì, tā bú shì zài Běijīng xuéxí de.

C25
3 “从 cóng”：「…から」「…から～する」　“从 A 到 B”：「A から B まで」

① A: 从　这儿　走　近　吗?
Cóng zhèr zǒu jìn ma?
B: 不　近，很　远。
Bú jìn, hěn yuǎn.

② A: 从　东京　到　北京，坐　飞机　要　几　个　小时?
Cóng Dōngjīng dào Běijīng, zuò fēijī yào jǐ ge xiǎoshí?

B: 大概　要　三　个　小时。
Dàgài yào sān ge xiǎoshí.

C26 発音の復習

声調の組み合わせの復習

	第１声	第２声	第３声	第４声	軽声
第１声	māmā	māmá	māmǎ	māmà	māma
第２声	mámā	mámá	mámǎ	mámà	máma
第３声	mǎmā	mǎmá	mǎmǎ (mámǎ)	mǎmà	mǎma
第４声	màmā	màmá	màmǎ	màmà	màma

C27 単語の復習

		中国語	ピンイン
□ 1	（２輪車に）乗る		
□ 2	自転車		
□ 3	電車		
□ 4	バス		
□ 5	…から		
□ 6	着く、…まで		
□ 7	地下鉄		
□ 8	汽車		
□ 9	飛行機		
□ 10	オートバイ		
□ 11	新幹線		
□ 12	高速鉄道、「高鉄」		
□ 13	出勤する、会社に行く		
□ 14	車を運転する		
□ 15	近い		
□ 16	遠い		

練習問題

C28 **1** 音声を聞いて、ピンインと漢字を書き、日本語に訳しなさい。

(1)

(2)

2 次の文を中国語に訳し、ピンインも書きなさい。

(1) 昨日山本さんは車で学校に来たのではない。

(2) あそこから行くと、とても近いです。

3 次のピンインを読んで、漢字に直し、日本語に訳しなさい。

(1) Wǒ měitiān qí zìxíngchē qù chāoshì mǎi dōngxi.

(2) Lǐ Jiàn gēn Tiánzhōng yíyàng shì zuò gōngjiāochē lái de.

文化コーナー

シェア自転車（"共享单车 gòngxiǎng dānchē"）

"共享单车"は2007年から導入され、都市部には会社がいくつもあります。12歳以下の子供は使えません。システムは、日本のレンタカーのシステムに似ています。予約・支払い・開錠のパスワードなど、すべてスマホで行います。自転車にGPSがついているので、返すのはどこでもかまいません。

料金はおよそ、学生・教職員で1時間1元、その他は2元。安くて環境にも優しいので、学生や一般市民に人気があります。

第20课 Dì èrshí kè

你 怎么 了?
Nǐ zěnme le?

会話

C29 C30

中本: 王英，你 怎么 了? 感冒 了 吗?
Zhōngběn: Wáng Yīng, nǐ zěnme le? Gǎnmào le ma?

王 英: 没有，我 有点儿 头疼。
Wáng Yīng: Méiyǒu, wǒ yǒudiǎnr tóuténg.

中本: 你 太 累 了，休息 休息 吧。
Zhōngběn: Nǐ tài lèi le, xiūxi xiūxi ba.

王 英: 好，我 休息 一下。
Wáng Yīng: Hǎo, wǒ xiūxi yíxià.

C31

語彙を増やしましょう

1. 困 kùn 眠い
2. 饿 è お腹が空いている
3. 容易 róngyì 易しい
4. 脚 jiǎo 足
5. 肚子 dùzi お腹
6. 尝 cháng 味見する

ポイント

C32

1 “有点儿yǒudiǎnr”＋形容詞：「ちょっと…」

病気など望ましくない状態に使う。

① A: 你　怎么　了?
Nǐ　zěnme　le?

B: 我　有点儿　饿　了。
Wǒ　yǒudiǎnr　è　le.

② A: 这　件　衣服　怎么样?
Zhèi　jiàn　yīfu　zěnmeyàng?

B: 有点儿　大。
Yǒudiǎnr　dà.

C33

2 動詞の重ね型と「動詞＋“一下 yíxià”」：「ちょっと…する」「ちょっと…してみる」

重ね型が使えない動詞（“来 lái”“买 mǎi”“卖 mài” など）がある。「動詞＋“一下”」はほとんど使える。“你来来”は言えないが、“你来一下”は言える。

① A: 这　是　我　做　的　蛋糕，你　尝尝　(/尝　一下)。
Zhè　shì　wǒ　zuò　de　dàngāo,　nǐ　chángchang　(/cháng　yíxià).

B: 好　啊，我　尝尝　(/尝　一下)。
Hǎo　a,　wǒ　chángchang　(/cháng　yíxià).

② A: 你　来　一下，好　吗?
Nǐ　lái　yíxià,　hǎo　ma?

B: 好，你　等　一下。
Hǎo,　nǐ　děng　yíxià.

C34

3 “太 tài…了 le”：「大変…」「…すぎる」

望ましい状態は「大変…」、“了”は省略不可。望ましくない状態「…すぎる」は“了”を省略可。両方とも感嘆する時に使う。

① A: 那个　问题　怎么样?
Nèige　wèntí　zěnmeyàng?

B: 太　容易　了!　/太　难（了)!
Tài　róngyì　le!　/ Tài　nán　(le)!

② A: 这个　手机　十万　日元，怎么样?
Zhèige　shǒujī　shíwàn　Rìyuán,　zěnmeyàng?

B: 太　便宜　了!　/太　贵（了)!
Tài　piányi　le!　/ Tài　guì　(le)!

C35 発音の復習　「1声＋2声＋3声」と「3声＋２声＋1声」

1声＋2声＋3声	māmámǎ	mīmímǐ	māimáimǎi
	新年好	他和我	喝牛奶
	xīnnián hǎo	tā hé wǒ	hē niúnǎi
3声＋２声＋1声	mǎmámā	mǐmímī	mǎimáimāi
	小学生	我和他	有时间
	xiǎoxuéshēng	wǒ hé tā	yǒu shíjiān

♪ 我和他都想喝牛奶。 Wǒ hé tā dōu xiǎng hē niúnǎi.

♪ 他和我都没有时间。 Tā hé wǒ dōu méiyǒu shíjiān.

C36 単語の復習

	中国語	ピンイン
□ 1　どうしたの		
□ 2　風邪をひく		
□ 3　ちょっと（望ましくないこと）		
□ 4　頭		
□ 5　痛い		
□ 6　大変…、…すぎる		
□ 7　疲れる		
□ 8　ちょっと		
□ 9　眠い		
□ 10　お腹が空いている		
□ 11　易しい		
□ 12　足		
□ 13　お腹		
□ 14　味見する		
□ 15　質問、問題		

練習問題

C37 ***1*** 音声を聞いて、ピンインと漢字を書き、日本語に訳しなさい。

(1)

(2)

2 次の文を中国語に訳し、ピンインも書きなさい。

(1) これは私が作った料理です。どうぞ食べてみてください。

(2) ちょっと考えてください。なぜ彼は行かないの？

3 次のピンインを読んで、漢字に直し、日本語に訳しなさい。

(1) Wǒ yǒudiǎnr è le, wǒmen qù chī miàntiáo ba.

(2) Jīntiān tài máng le, wǒ hái méi chīfàn ne.

文化コーナー

デリバリー（“外卖 wàimài”）

“外卖”はデリバリーのことで、注文・支払いはすべてスマホでできます。競争が激しいので、早さとおいしさが追求され、お客さんの評判も携帯のサイトに載るので、都市部で利用する人が増え、大学生や会社員、忙しい家庭の主婦も気軽に利用しています。病院や老人ホームの食事が口に合わない人も、“外卖”を頼みます。利用者の数は年間延べ4億人とも言われます。外食よりも商売繁盛で、町中に“外卖”を配達する“送餐员 sòngcānyuán”（配達員）の“电动车 diàndòngchē”（電動自転車）を見かけます。

補充教材 6　自我 介绍 Zìwǒ jièshào （自己紹介）

C38

大家 好，初 次 见面，请 多多 关照！我 姓 中本，叫 中本 友。
Dàjiā hǎo, chū cì jiànmiàn, qǐng duōduo guānzhào! Wǒ xìng Zhōngběn, jiào Zhōngběn Yǒu.
中 是 中国 的 中，本 是 日本 的 本，友 是 朋友 的 友。大家
Zhōng shì Zhōngguó de zhōng, běn shì Rìběn de běn, yǒu shì péngyou de yǒu. Dàjiā
可以 叫 我 小 友。很 高兴 在 这儿 给 大家 做 自我 介绍。
kěyǐ jiào wǒ Xiǎo Yǒu. Hěn gāoxìng zài zhèr gěi dàjiā zuò zìwǒ jièshào.

我 是 大学 一 年级 的 学生，专业 是 社会学。我 在 大学
Wǒ shì dàxué yī niánjí de xuésheng, zhuānyè shì shèhuìxué. Wǒ zài dàxué
学习了 汉语 后，就 很 喜欢 中国 和 汉语 了。我 觉得 汉语 很 有
xuéxíle Hànyǔ hòu, jiù hěn xǐhuan Zhōngguó hé Hànyǔ le. Wǒ juéde Hànyǔ hěn yǒu
意思，可是 发音 很 难，特别 是 四 个 声调，mā、má、mǎ、mà，我
yìsi, kěshì fāyīn hěn nán, tèbié shì sì ge shēngdiào, mā、má、mǎ、mà, wǒ
觉得 很 难。不过，我 想 努力 学习，将来 想 去 中国 留学。
juéde hěn nán. Búguò, wǒ xiǎng nǔlì xuéxí, jiānglái xiǎng qù Zhōngguó liúxué.

我 家 有 四 口 人，我 爸爸、妈妈、一 个 哥哥 和 我。我 爸爸
Wǒ jiā yǒu sì kǒu rén, wǒ bàba、māma、yí ge gēge hé wǒ. Wǒ bàba
是 公司 职员。他 从 星期一 到 星期五，每天 早上 七 点 去 上班。
shì gōngsī zhíyuán. Tā cóng xīngqīyī dào xīngqīwǔ, měitiān zǎoshang qī diǎn qù shàngbān.
我 妈妈 是 家庭 主妇，她 每天 打扫 卫生、洗 衣 做 饭，非常 辛苦。
Wǒ māma shì jiātíng zhǔfù, tā měitiān dǎsǎo wèishēng、xǐ yī zuò fàn, fēicháng xīnkǔ.
我 哥哥 也 是 大学生，他 每 个 星期六 和 星期天 晚上 去 打工。
Wǒ gēge yě shì dàxuéshēng, tā měi ge xīngqīliù hé xīngqītiān wǎnshang qù dǎgōng.

我 的 爱好 是 跳舞，上了 大学 就 参加了 舞蹈 社团。每天 下课
Wǒ de àihào shì tiàowǔ, shàngle dàxué jiù cānjiāle wǔdǎo shètuán. Měitiān xiàkè
后，我 都 跟 同学们 一起 跳舞，非常 开心。我 在 油管上，看过
hòu, wǒ dōu gēn tóngxuémen yìqǐ tiàowǔ, fēicháng kāixīn. Wǒ zài yóuguǎnshang, kànguo
中国 的 中老年人 跳 广场舞 的 视频。他们 很 可爱，我 期待 有
Zhōngguó de zhōnglǎoniánrén tiào guǎngchǎngwǔ de shìpín. Tāmen hěn kě'ài, wǒ qīdài yǒu

一 天 能 去 中国 跳 广场舞。
yì tiān néng qù Zhōngguó tiào guǎngchǎngwǔ.

好 了，我 的 介绍 就 到 这儿。我 希望 中 日 两 国 关系 像
Hǎo le, wǒ de jièshào jiù dào zhèr. Wǒ xīwàng Zhōng Rì liǎng guó guānxi xiàng

我 的 名字 一样，永远 友好。我 的 汉语 还 说 得 不 太 好，有
wǒ de míngzi yíyàng, yǒngyuǎn yǒuhǎo. Wǒ de Hànyǔ hái shuō de bú tài hǎo, yǒu

不 对 的 地方，请 大家 多多 指教。谢谢 大家！
bú duì de dìfang, qǐng dàjiā duōduo zhǐjiào. Xièxie dàjiā!

日本語から引く語彙索引

本書でとりあげた語彙を、五十音順で配列した。数字は初出課の「単語の復習」のページを示す。

あ行

か行

さ行

た行

ま行

や行

著者紹介

郭春貴（かく　はるき）

1986年東京大学大学院博士課程単位取得中退（中国語学専攻）。現在、広島修道大学名誉教授。2009年4月～9月 NHKラジオ まいにち中国語講師。

主な著書

『誤用から学ぶ中国語』白帝社 2001／『中国語検定対策3級・4級　単語編』白帝社 2003／『中国語検定対策3級・4級　文法編』白帝社 2005／『中国語検定対策2級 リスニング編』白帝社 2008／『中国語検定対策2級　語彙編』白帝社 2009／『HSK基本語彙1級-4級』共著、白帝社 2012／『HSK基本語彙5級-6級』共著、白帝社 2013／『誤用から学ぶ中国語　続編1』白帝社 2014／『誤用から学ぶ中国語　続編2』白帝社 2017／『やさしく楽しい中級中国語』共著、白帝社 2017／『HSK成語用法』共著、白帝社 2018／『第2外国語中国語教育の諸問題』白帝社 2020／『作文から学ぶ中国語（上）』共著、白帝社 2022

郭久美子（かく　くみこ）

1976年青山学院大学英文学科卒業、2000年広島大学大学院教育学研究科修士課程修了（日本語教育専攻）。現在広島大学、広島修道大学中国語非常勤講師、広島YMCA日本語非常勤講師。

主な著書・訳書

『娘とわたしの戦争』（葉広芩著）／『HSK基本語彙1級-4級』共著、白帝社 2012／『HSK基本語彙5級-6級』共著、白帝社 2013／『やさしく楽しい中級中国語』共著、白帝社 2017／『HSK成語用法』共著、白帝社 2018／『作文から学ぶ中国語（上）』共著、白帝社 2022

操智（そう　ち）

2016年北京語言大学大学院国際漢語教育研究科修士課程修了。修士（中国語教育専攻）。2022年広島大学大学院総合科学研究科博士課程後期修了。博士（言語学）。現在、関西学院大学国際学部中国語常勤講師。

主な著書

『HSK成語用法』共著、白帝社 2018

●イラスト：長岡理恵
●カバーデザイン：宇佐美佳子

やさしく楽しい　新・400語で学ぶ中国語入門　―発音中心―

2023年10月5日　初版印刷
2023年10月10日　初版発行

著　者　郭春貴・郭久美子・操智
発行者　佐藤和幸
発行所　白　帝　社
〒171-0014　東京都豊島区池袋2-65-1
TEL　03-3986-3271
FAX　03-3986-3272（営）／03-3986-8892（編）
https://www.hakuteisha.co.jp

組版・印刷／倉敷印刷株式会社　　製本／㈱ティーケー出版印刷

Printed in Japan〈検印省略〉6914　　ISBN978-4-86398-579-7
＊定価は表紙に表示してあります。